高等院校体育运动类立体化精品教材

体育俱乐部经营与管理

伍　谋　王广进　吴　珍　主编

华南理工大学出版社
SOUTH CHINA UNIVERSITY OF TECHNOLOGY PRESS
·广州·

图书在版编目（CIP）数据

体育俱乐部经营与管理 / 伍谋，王广进，吴珍主编. —广州：华南理工大学出版社，2022. 2（2026. 1重印）
ISBN 978-7-5623-6980-6

Ⅰ. ①体… Ⅱ. ①伍… ②王… ③吴… Ⅲ. ①体育组织-俱乐部-经营管理-中国-教材 Ⅳ. ①G812.17

中国版本图书馆CIP数据核字（2022）第033648号

体育俱乐部经营与管理
伍　谋　王广进　吴　珍　主编

出 版 人：房俊东
出版发行：华南理工大学出版社
（广州五山华南理工大学17号楼，邮编510640）
http：//hg.cb.scut.edu.cn　E-mail：scutc13@scut.edu.cn
营销部电话：020-87113487　87111048（传真）
责任编辑：王　磊
特邀编辑：王　倩
责任校对：梁晓艾
印 刷 者：广州市人杰彩印厂
开　　本：787mm × 1092mm　1/16　印张：10.25　字数：219千
版　　次：2022年2月第1版　2026年1月第10次印刷
定　　价：48.00元

前　言

为加强我国体育俱乐部管理人才的培养和组织建设，进一步提高体育行政管理人员、俱乐部管理人员的知识水平和业务素质，推动俱乐部规范、健康发展，更好地为健康中国和体育强国战略服务，根据国家体育总局、教育部、公安部、民政部、人力资源与社会保障部、国家卫生健康委、应急管理部、市场监管总局等八部门联合印发的《关于促进和规范社会体育俱乐部发展的意见》（以下简称《意见》），特组织有关专家编写了本教材。

本书内容以介绍社区体育俱乐部的经营与管理、青少年体育俱乐部的经营与管理和体育场馆经营与管理为重点，兼顾体育赛事、体育培训、俱乐部财务管理等方面的知识，并介绍了冬、夏令营的策划与推广以及体育用品销售店的经营与管理等内容，吸收了国内外新的体育场馆管理理论和实践成果，以突出体育俱乐部经营与管理的相关前沿知识。内容包括：第一章，职业体育俱乐部；第二章，社区体育健身俱乐部；第三章，青少年体育俱乐部；第四章，体育场馆；第五章，体育赛事的策划与推广；第六章，体育培训；第七章，冬夏令营的策划与推广；第八章，体育用品销售店；第九章，体育俱乐部的财务管理。

本教材既可作为各级各类学校体育场馆运营与管理的教学培训用书，还可作为高等学校社会体育专业学生以及社会体育工作从业者的参考用书。

本书由伍谋、王广进、吴珍担任主编，汪洁志、钱雪峰、叶诗敏、伍文畅、关昭瑾、陈艳华担任副主编。参与撰稿工作的有冯道光、张江霞、刘珍、张娅、钟晗、韩璐、黄新红、徐辉、郑妙旋、韩永翠、邓灵丽、钟秀龙等。

本书在编写和修订的过程中，参考了大量国内外教材和书籍，以及相关文献资料，并引用了众多学者和专家的研究成果，同时也得到了从事体育俱乐部经营与管理的前辈、同行的大力支持与热情帮助，在此一并表示诚挚的谢意！

编写体育俱乐部经营与管理教材是一项艰巨的任务，由于编者的专业知识和业务水平有限，加之涉及内容极为广泛且发展更新较快，疏漏错误之处在所难免，恳请广大读者对本教材的不足之处提出宝贵意见和建议。

编　者

2021年7月

目录

上篇

下篇

上　篇

第一章

职业体育俱乐部

本章导读

通过探索职业体育俱乐部的起源与发展，知悉职业体育俱乐部文化及其发展规律。接下来让我们走进体育职业俱乐部的世界，去揭开她神秘的面纱。

教学目标

- 了解职业体育俱乐部的概念
- 了解职业体育俱乐部的发展历史
- 探讨职业体育俱乐部的发展方向

学习内容

- 职业体育俱乐部的特点
- 职业体育俱乐部在我国的发展情况

最早的体育俱乐部产生于17—18世纪，1608年出现的英国高尔夫球俱乐部就是其中之一。现在，世界上许多国家都有体育俱乐部。

随着提高青少年身体素质的呼声日益高涨，我国各高校改进了体育教学模式，建立了体育俱乐部。这是一种十分有效的教学模式，将其应用在高校体育课中，不仅能够激发学生的主动参与性，而且还能有效提高课堂效率，实现学生的全面发展。我国城市社区建立起了健身俱乐部，它能够满足人民群众的健身需求，是人们满足健康需求的重要载体之一。社区健身俱乐部要具备合适的场地、专业的健身器材以及科学的管理制度等才能开展全民健身运动。

在欧美一些经济发达的国家，体育俱乐部分为业余和职业两种。业余体育俱乐部为业余运动员提供运动场地和器材，维持其正常运作的经费来源一般是体育设施出租费和会员会费，也有的由工会提供。职业体育俱乐部雇用或租用职业运动员参加比赛和表演，借以赚取利润或为一些企业做宣传、做广告，这种俱乐部的经费主要是由大企业家或股份公司提供。在一些国家，从小学到大学，都有学生在业余的体育俱乐部参加运动训练，直到成为全国或全世界的著名运动员。苏联体育俱乐部有3种：一种是工会体育俱乐部；一种是武装力量体育俱乐部；一种是支援陆海空军志愿协会体育俱乐部。这些体育俱乐部都组织群众参加不同项目的体育活动，组织运动训练和竞赛。在中国一些大城市里也曾有过体育俱乐部和类似的体育组织。中华人民共和国成立后，20世纪50年代初期，在一些城市成立过国防体育俱乐部，开展射击、摩托车、划船等活动。

第一节　职业体育俱乐部概述

一　职业体育概述

在介绍职业体育俱乐部之前，我们先了解一下什么是职业体育，再进一步了解什么是职业体育俱乐部。

（一）职业体育

职业体育亦称商业体育，是一种追求竞技比赛，是以商业谋利为目的的竞技体育活动。从本质上来说，职业体育俱乐部的相关功能是生产一种具备观赏价值以及效果的体育竞赛，并且经过市场交换的方式向消费者群体提供体育竞赛方面的附带娱乐性质的服务。体育竞赛的娱乐服务能够作为商品，是因为它自身具有一定的使用价值，对于提供这类相关服务的实际生产者来说，服务就是商品。体育竞赛方面娱乐服务的相关使用价值不是作为一种具体的实物，而是一种有关的活动，是一种非实物形式的应用价值。其在生产过程及消费过程的时间以及阶段方面具有并存性与同时性，它是因为整个消费过程的产生而存在的，同时伴随着整个消费过程的结束而终止，这种过程就是一种在创造应用价值方面的劳动过程。可以这样认为，职业体育俱乐部的相关运营过程是否成功，完全取决于它是否能够最大限度地为相关的消费者提供优质的服务，是否能够充分地满足相关消费者对于观赏体育竞赛方面的需要。职业体育与业余体育是两种相对独立的培养模式，职业体育与业余体育的区别在于：①参加者是否以此为生；②其是否将运动训练目标作为运动训练的发端。在欧美国家，职业体育相当发达，在足球、橄榄球、网球、篮球、拳击、田径、赛马等项目上，均有职业体育俱乐部、职业球队或职业运动员。中国职业体育经历了萌芽期、动荡期，如今正逐渐走向成熟和理性阶段。

（二）职业体育俱乐部

职业体育俱乐部是一种以体育竞技为媒介，向公众提供竞技表演服务及相关产品，追求竞技比赛带来的商业价值，以商业谋利为目的的企业化组织；是自主经营、自负盈亏、自我约束、自我发展的竞技体育组织。同时，每一个职业体育俱乐部也是一个独立的法人实体。这一性质决定了它的使命，即通过最大限度地满足公众对比赛观赏娱乐的需要来实现企业价值的最大化。也就是说，职业体育俱乐部是以竞技比赛为主营业务，以利益最大化为主要目的。它要实现俱乐部价值的最大化，就必须不断提高其产品质量，吸引广大消费者，不断提高自身的服务质量。它极大地促进了竞技水平的提高。由职业体育俱乐部衍生出职业运动队或职业运动员。

体育俱乐部的形式可以分很多种，但是大致可以分为职业体育俱乐部和业余体育俱乐部。业余体育俱乐部均是以强健身体、运动休闲或提高运动技能为目的，其参与者并非职业性的运动员，因此它又分为商业性质的体育俱乐部和公益性质的体育俱乐部，从两者的经营性质来划分，前者属于营利性组织，后者则属于非营利性组织。

按照1996年原国家体育运动委员会颁发的《体育产业发展纲要》中对体育产业的分类细则，可以分为体育本体产业、体育相关产业、体育延伸产业及体育边缘产业。以本体市场为主体的体育市场，其市场体系框架已趋于清晰，也形成了一定的产业规模，基本包括了竞赛表演市场、健身娱乐市场、技术培训与咨询市场、无形资产市场和体育旅游市场。商业体育俱乐部存在于体育本体市场中，是健身娱乐市场中的重要组成部分，发挥体育服务功能，其市场化程度高的特性也让商业体育俱乐部成为体育消费最直接和最有效的实现形式。值得注意的是，这种以营利为目的的商业体育俱乐部，是作为一种体育组织而存在，并不能成为我国当前法律架构下的制度性存在。其主要原因在于到目前为止，我国的法律特别是《中华人民共和国体育法》中并没有真正确立其法律关系上的主体地位，相关法律上的纠纷也只是按照《企业法》来执行。

二 职业体育俱乐部的特点

（一）职业体育的特点

职业体育具有商业性、娱乐性、社会性和国际性四个特征。

1. 职业体育具有商业性

在职业体育中，运动员自身已成为物化了的体育商品，就是运动员自身的价值通过经济形式体现出来。获取收入的多少，是由他们在体育消费者面前展示的体育竞技能力水平来确定的。因此，可以说运动员的体育竞技能力是决定运动员价值的一个直接因素。运动员还必须具备“能够使体育消费者感动，与体育消费者同欢共乐”等方面的人际感情沟通能力和临场经验。显然，要具备这种能力和经验，单纯地依靠体育竞技能力是远远不够的，还必须依靠运动场的环境，运动员在体育消费者心目中的形象，运动员自身的人格魅力，临场与观众的情感交流发挥，比赛前共同期待的焦虑和比赛胜利后共同喜悦的欢呼等。

2. 职业体育具有娱乐性

职业体育是为了满足人们通过观赏竞技表演获得享受需要而产生的。因此，职业体育表现出了强烈的娱乐性特点：①职业体育比赛能满足人们对体育美的观赏需求。精彩的体育比赛具有德、智、体、美、勇等高度统一性，比赛面前人人平等的真正公平性，起伏跌宕的戏剧性，稍纵即逝的机遇性，尖锐的对抗性，胜败难料的悬念性，观众强烈的倾向性，高低胜负的即时显示性，简单明了的雅俗共赏性，千钧一发的惊险性，战术配合的高度默契性，音乐色彩力与美的完美协调性，观众与运动员之间的感情共同性等特点，其丰富和强烈的程度是其他任何一种美所无法比拟的，因而极具魅力和刺激，常常令观众为之着迷。②职业体育俱乐部不仅关心球迷的心理感受，而且善于在主场营造“家”的氛围，如NBA各职业俱乐部对主场气氛的包装以及对赛前、赛中及赛后各环节的娱乐性安排，从思想上、心理上真正建立起消费者对企业及其产品的认同和归属感。

3. 职业体育具有社会性

职业体育俱乐部的本质是向整个社会提供相关的服务，即职业是从业人员在特定社会生活环境中所从事的一种与其他社会成员相互关联、相互服务的社会活动。

4. 职业体育具有国际性

在转播技术日新月异的今天，高水平的职业体育不仅在国内产生重大影响，还在国际上产生重大的影响。因此，训练竞赛水平高的职业体育俱乐部不仅能开拓国内市场，还能借助电视转播、网络转播以及在国内联赛的间歇期在全球任何国家和地区搞商业性比赛，进军国际市场，展示了职业体育的国际性特点。

（二）职业体育俱乐部的独有特征

1. 运动员是职业体育俱乐部的最重要的资产

职业体育俱乐部的核心是拥有一批由高水平运动员组成的职业运动队，它的社会效益和经济效益主要来自职业运动员。没有运动员就没有观众，没有电视转播就不会有赞助商。

2. 竞赛水平是职业体育俱乐部生存发展的基础

职业体育俱乐部提供的商品是体育竞赛娱乐服务。俱乐部竞赛水平越高，竞赛次数越多，水平越高，对观众的吸引力越大，俱乐部收入就越高。

3. 俱乐部生产经营活动的合作性

职业体育俱乐部必须由各个俱乐部共同组织起来，生产经营一个共同的产品——竞赛，这也就是要求各俱乐部需要建立协调、合作的关系。

4. 无形资产的开发利用是俱乐部的主要经营内容

俱乐部无形资产的实质就是俱乐部的社会形象和声誉，俱乐部社会形象越好，社会知名度越高，无形资产的社会价值就越高。

第二节　职业体育俱乐部的发展历史

一　国外职业体育俱乐部的发展历史

国外职业体育俱乐部发展较早，其相关体系也日趋成熟。

（一）国外职业体育俱乐部产生的背景

1. 产业革命和殖民过程中出现的体育俱乐部——奠定基础

1850年以后，产业革命的发展、公假日的推行、火车的出现为资产阶级参与消遣提供了经济、时间、交通等条件。于是，新兴资产阶级在19世纪中叶开始组织各种体育比赛。如世界上第一个登山协会——伦敦登山俱乐部，就是在此背景下由约翰· 鲍尔于1857年创办的，澳大利亚于1862年、瑞士和意大利于1866年、德国于1869年也相继成立了登山俱乐部。殖民地官员和军人基于政治原因或为了消遣，开始参加当地的竞技项目。他们在印度参加草地曲棍球、在北美参加印第安人的长曲棍球比赛。这些运动随后被带回他们所在的国家，并成立了俱乐部。1861年在英国出现了第一个曲棍球俱乐部。此外在加拿大开始流行板球和橄榄球，在澳大利亚成立了游泳、板球和马术俱乐部。美国竞技运动的繁荣被称为是该国“19世纪末世界革命”的最重要标志之一。当时的探险热、各校间的竞争和个人主义教育等因素促成了这一切。19世纪后期，高校的田径、棒球等项目的明星受欢迎的程度甚至超过了同类项目的职业运动员。

产业革命过程中兴起的资产阶级的生活要求催生了业余体育俱乐部；殖民地的军人出于政治和消遣目的参与当地的竞技运动，促进了体育俱乐部的形成。

2. 体操运动的兴替与竞技运动的兴起——创造条件

在英国形成以竞技运动和游戏为主的学校体育、社会体育的同时，欧洲大陆则发展了民族体操运动。杨氏体操体系在德国、意大利、捷克、波兰和保加利亚等开展资产阶级民族解放和统一运动的国家中得到了很快的发展，体操俱乐部纷纷成立。

但19世纪70年代以后，资本主义进入垄断阶段，出现了对体操的非议。生活节奏和情感需要已经发生变化的资产阶级认为，现代社会的竞技运动较之分解孤立的体操动作更能满足人们的体育需要。

在19世纪末至20世纪初的20年，竞技运动与侧重发展体操的资产阶级民族运动、有组织地实施的学校体育教学在全世界开展起来。继英美之后，其他发达国家的统治集团也开始承认，现代运动不仅是一种消遣，还是一种在其他方面有益的活动。医生、学者、军界人士等都关注运动和娱乐。运动的组织形式可谓包罗万象，各种类型的新型运动俱乐部得以成立，竞赛活动随之广泛开展。

3. 娱乐活动的阶级趋同——提供社会环境

在19世纪中期的英国，城市中出现了大量露天活动场地。到外地度假也逐渐在城市中等阶级人群中流行，爬山、钓鱼、野营、远足等户外活动随之兴起。19世纪下半叶，妇女也加入户外活动的行列中，90年代出现了妇女参不落窠臼自行车俱乐部的现象。

19世纪，工人运动的积极分子开始鼓吹“自尊”，它改变了工人阶级原有的酗酒、斗殴等坏习惯。19世纪中后期，英国工人开始模仿资产阶级的休闲方式，不仅到原先为富有阶层修建的体育休闲场所进行锻炼，而且还开辟了新的运动项目。19世纪40年代英国对公众游戏的禁令取消后，足球在非公开的私立学校再度兴起，1863年足球与橄榄球严格区分以后，足球运动改变了野蛮粗俗的形象，迅速演变为一项深受各界欢迎的集体运动项目。从1885年起，校外出现了几十个业余的和靠比赛获得收益的足球俱乐部。19世纪末，由于生活水平的提高，工人阶级的娱乐方式愈加向中等阶级靠拢；20世纪初，国家开始干预分配领域，更促进了这种趋同。

正是体育和娱乐活动的阶级趋同为竞技体育的发展用表演者和观赏者之间良性关系的建立提供了条件，进而为职业体育俱乐部的产生和发展提供了良好的社会环境。

4. 体育越出学校和贵族圈子——提供可能性

学校体育的社会化也促使体育俱乐部大量出现。19世纪后期，体育运动越出学校和贵族圈子，并且在资产阶级和劳动者的社会组织（娱乐场、俱乐部、读书组、工人宿舍）中大力传播，这在主要盛行体操运动的国家（比利时、德国、奥匈帝国和斯堪的纳维亚各国）表现最为突出。英国、美国的体育运动则大部分是按照独立的运动协会原则形成的，板球、棒球、划船、自行车、田径、橄榄球和篮球俱乐部便是其发展的源泉。这一时期，在英国、美国、意大利、荷兰、法国、斯堪的纳维亚半岛、南美、澳大利亚以及加拿大，成立体育俱乐部之风盛行。

19世纪的工业城市中，机器大工业的负面效应开始显现。工人、小商人、小业主的生活节奏几乎为机器劳动和无休止的竞争所控制，再加上环境恶化、地价飞涨使得游戏场逐步丧失，绝大部分人被迫中断原有的运动活动。于是，这时期的许多体育活动开始承担起了社会自我调节的作用，它通过各种人和集体直接接触的形式（野游组织、体操传授、划船旅游、周末自行车野游等）而开展活动。体育俱乐部就是在19世纪后期娱乐体制的发展过程中大量出现的。随着科学技术的发展，工程师、技术员和公务人员多了起来，他们找寻工余后能用来消遣娱乐和消除紧张状态的身体活动形式。同时，资产阶级统治集团也逐渐感到花钱去维护可靠的、受过职业训练的工人比起用新手去摸索要划算得多。于是“社会街区”活动得以开展。1884年在伦敦、1887年在纽约开展的这类活动使最早的一批运动俱乐部开办起来。德国于1880年组建第一个工厂体操团体。法国、德国、英国和意大利的自行车和汽车工业部门创建了厂属运动团体，这些团体都有自己企业的特色，并进行表演和宣传，其他工业部门也竞相模仿。在德国和匈牙利，各企业的足球俱乐部联合成为一个独立的联合会。

资产阶级提倡和支持工人阶级组建体育俱乐部，不但为日后职业体育俱乐部的成立准备了强大的经济和组织条件，而且为职业运动员的产生孕育了优良的土壤。

5. 娱乐活动的商业化趋势——产生的直接原因

如果说前述原因只是为职业体育俱乐部的产生提供了可能条件的话，而娱乐活动的商业化趋势则是促使职业体育俱乐部产生的直接原因。19世纪时，英国各种娱乐活动都发展得很快，但都沾染上了商业化风气。在中等阶级占优势的时候，文学、艺术、体育都在向商品化发展，并随之摆脱了贵族的垄断，在广大群众中找到了市场。由于这个原因，19世纪中叶，当时的英国业余选手已经被明确禁止获得奖金。该国随之出现了一大批以门票收入为生活来源的职业板球、拳击、网球和划船的俱乐部和运动员。美国第一支职业体育代表队是1869年成立的职业棒球队，从此，美国开始有组织地开展职业体育，陆续成立了职业拳击、马术队。德国、法国、意大利、荷兰和俄国等国在这一时期也出现了营利性的职业体育运动。

1860年，英国各地广泛开展橄榄球运动。1895年，国际橄榄球运动协会分裂，北英建立了自己的运动协会，它一开始就主张接纳和承认职业性的运动员，并对职业性和业余性橄榄球比赛做出规则上的区分。从此，橄榄球比赛分为职业和业余两种。橄榄球运动传入美国以后，立即出现了一大批职业性和业余性的俱乐部，1861年美国南北战争之前，美国有几百支棒垒球队。1869年，美国辛辛那提“红袜”队决定将从棒球比赛中获利的情况公之于众，该队在公众的否定态度下坚持职业性，并获得了成功。1871年3月17日成立了国家职业棒球联合会，一些业余队也改为职业队。同年在美国纽约还出现了第一个职业性的棒垒球协会——蒲拉耶斯职业性棒垒球运动协会，该协会一直活动到1876年成立“棒垒球全国协会”为止。1902年，美国的棒垒球全国协会、棒垒球美洲协会和其他一些棒垒球协会组织共同制定了这项运动的统一规则。

除了1893年加拿大蒙特利尔创办了世界性的职业冰球赛和1895年8月美国举行

首场有酬金的橄榄球比赛之外，19世纪末20世纪初还成立了大批职业足球俱乐部，如1891年佩那罗尔足球俱乐部的前身——中央乌拉圭铁路板球俱乐部成立；1899年11月，西班牙巴塞罗那足球俱乐部成立。

（二）国外职业体育俱乐部的发展

在20世纪70年代之前，职业体育的开展主要集中在美国、英国等西方发达国家，其他国家尽管也不同程度地开展了职业体育，但因社会经济条件的制约而发展缓慢。长期以来，以国际奥委会为代表的国际体育组织对职业体育实行歧视、隔离和排挤政策，大多数职业体育项目无国际组织，局限于国内的活动空间。20世纪80年代，国际奥委会对职业体育的态度有了根本性转变。1980年国际奥委会从《奥林匹克宪章》中删除了“业余原则”的规定；1986年至1989年期间，足球、马术、田径、冰球、网球、篮球等国际体育组织先后允许职业运动员参加奥运会。随后，一些项目的职业运动员参加了奥运会，标志着职业体育已开始被纳入奥林匹克运动体系，成为国际体育运动的重要组成部分。这极大地促进了职业体育的发展，使职业体育成为竞技体育发展的新趋势。

二 国内职业体育俱乐部的发展历史

在我国，由于历史原因，职业体育的发展起步较晚，直到1980年10月，商业化的比赛才首次进入中国。当年举行的万宝路广州网球精英赛使举办者获利不少，让有识之士注意到了发展职业体育俱乐部大有可为，这是我国体育竞赛市场的起步。

（一）国内职业体育俱乐部产生的背景

1992年，我国足球项目率先进行职业化改革，开创我国竞技运动项目走职业化道路之先河。随着足球市场的异常火爆及其带来的丰厚的投资回报的刺激，许多企业和厂商纷纷投资，保证了足球俱乐部的正常运行。随着我国改革开放步伐的加快和延伸，伴随体育运动职业化和商业化趋势的进程，职业体育俱乐部犹如雨后春笋般茁壮成长起来。尤其是进入90年代后期，我国体育竞赛实行了俱乐部制改革，这更促进了职业体育俱乐部的发展。

1992年，在邓小平同志“胆子要再大一点，步子要迈得更快一点”的指示下，国家体育运动委员会（国家体育总局前身）在北京召开“红山口会议”。1993年冬天，8支被称为俱乐部队的甲级队在广东集中进行了一次奇怪的比赛，整个赛事仅卖出可怜的8张票。1994年，由某跨国烟草公司赞助的中国足球职业联赛在北京、上海、广州、成都、大连、沈阳等12个城市粉墨登场，以此为标志，拉开了中国体育职业化的大幕。

在中国体育改革之前，中国和苏联及东欧国家一样，有专业体育而无职业体育。有人做过一个比较：同为国家队队长，戚务生要从三国时代开始踢球，才能够赚到德国队队长贝肯鲍尔那么多钱。由于后顾有忧，高水平运动员往往在运动高峰时便人心思动，退役而去。加之中国重返国际奥委会以后，为了集中优势兵力夺金牌，国家体委制订了“金牌战略”，投资大、收益小的大球类项目首先被列为削减项目。由于这些原因，20世纪80年代以后，中国三大球失去了在亚洲的领先地位，其中，最有代表性的中国足球屡战屡败，国奥队、国家队在冲出亚洲、走向世界的过程中屡屡受挫，无数个“黑色三分钟”“黑色九分钟”“逢韩必败”让国人对中国竞技体育非常失望。

为了扭转这个局面，1994年中国足球率先踏上职业化道路，随后篮球、排球、乒乓球、围棋也纷纷进行职业化改革，中国体育呈现出前所未有的崭新面貌。职业化给中国体育带来了无限的繁荣：①协会走上实体化道路，俱乐部体制基本形成；②职业联赛已经形成规模化的专业市场，社会资金逐渐流向足球市场，整体上改善了体育运动的发展环境。经营中国职业甲A职业联赛的美国国际管理集团与中国足协签订的第二个五年协议标的额接近一亿元人民币，国际游泳联盟赛与中国足协签订的六年合作协议标的额约三亿元；③商业化的经营机制已经初具雏形，职业化推动了体育经营市场和产业结构体系的形成，俱乐部自身经营素质和造血机能有了一定改善，其经营活动已经覆盖到比赛门票、广告、转会、商业比赛、电视转播和商务经营。

（二）国内职业体育俱乐部的发展

中国足球是职业体育改革的排头兵，形成以中国足球超级联赛（CSL）为龙头，甲级联赛、足协杯等为补充的职业足球竞赛体系。篮球也形成了以中国男子篮球职业联赛（CBA）竞赛体系为核心，NBL以及各级青年赛为辅的篮球职业竞赛体系。高尔夫在1993年、乒乓球和排球在1996年、网球在2002年，还有其他体育项目也先后走上了职业化道路，形成了以国内联赛为职业竞赛体系，俱乐部为职业体育经营实体，职业运动员和教练员为职业体育产品价值核心，遵循体育规律市场化的职业体育发展体系。

在俱乐部制实行之初，各个俱乐部的运作取得了一定的成效，获得了一定数量的经济收入。协会走上实体化道路，俱乐部体制基本形成。职业联赛已经形成规模化的专业市场，社会资金逐渐流向足球市场，整体上改善了体育运动的发展环境。

20世纪初开始实行俱乐部制时，广东宏远、北京首钢、北京国安等已经成为全国知名的体育职业俱乐部。我国职业体育俱乐部在快速发展，我们可以直观感受到的是职业联赛竞技水平不断提升。这不仅仅提高了职业联赛受关注程度，也提高了职业联赛整体收视率。在2016年中超现场观看人数达580.8万人，通过电视转播观看达2.84亿人次，新媒体观看则高达6亿人次，排重后观看人数约为1亿人。2015—

2016年赛季CBA收视率高达9.06亿人次，CBA收看人次首次超过美国NBA收看人次；2016年中超联赛转播权被71个国家地区购买并播出，覆盖亚非欧美拉澳地区，伴随知名外援影响力和联赛竞赛实力不断提升，职业联赛覆盖深度也在不断加深，成为一项世界性职业赛事。

职业体育俱乐部的发展状况，可以通过职业体育价值评估的提升和联赛收益、职业运动员的薪资提升这两方面判断。

（1）职业体育俱乐部的发展可以通过职业体育价值评估的提升判断。2013年中超联赛价值评估1.37亿欧元，世界职业联赛排名43位；2016年已上升到4.5亿欧元，排到了世界第14位，仅用了4年时间就上涨了29位，职业联赛排名由43名上升至14名。截至2016年，中超价值增长率为英超的两倍。

（2）职业体育俱乐部的发展还可以通过联赛收益和职业运动员薪资的提升判断。以职业足球为例，基于2016年中超联赛媒介收视情况进行价值评估，中超联赛曝光实际权益市场价值高达8.5亿元人民币。电视转播权收益更是实现了飞跃发展，2015年仅为0.8亿元人民币，按照目前中超联赛合约，2020年中超联赛电视转播权直接收益25亿元人民币，仅六年时间，增加了31.25倍。在2010年中超联赛平均薪资为200万元人民币，国内主力球员仅为157万元人民币，外援平均薪酬为300万人民币。2016年中超联赛人均收入58万欧元（约合500万元人民币），中国国家队队员年收入基本在1000万元人民币以上，外援更是高达数千万元（以上数据来自搜狐网）。

中国人在摸爬滚打中已经探索出了职业体育的内涵：①职业体育以职业俱乐部为实体，职业俱乐部依市场经济规律运作，以获取最大经济利益为目的；②职业体育以竞赛作为主产品；③职业运动员以某一体育项目为谋生手段，运动员劳动力资本可以作为商品进行转换；④职业体育具有商品价值和文化价值。

第三节　国内职业体育俱乐部的分类和存在的问题

一　国内职业体育俱乐部的分类

我国职业体育俱乐部一共有三大类，分别是政企联办型、有限责任公司和股份有限公司。

（一）政企联办型

政企联办是我国竞技运动项目由原来的专业队向职业队过渡时期最常见的一种模式。目前，除足球职业俱乐部之外，绝大部分开始职业体育试点的运动项目俱乐部都采用这种运作方式。这种类型的俱乐部实际上只能算作是“准职业体育俱乐部”。这类俱乐部基本上都是以社团法人注册，由企业出资、体委（政府）出队和场地设备，合作组建，其名称大都是在专业队队名前冠上企业名。在组织结构上，一般都是双方联合成立董事会，由企业一方任董事长和总经理，体委一方任副董事长和副总经理，董事会一般由7名董事组成，其中企业4人，体委3人，企业方主管经营，体委方主管球队的训练和竞赛。在经营方面，俱乐部一般都聘用专职或兼职人员，开辟了门票、广告、电视转播权、会员费、转会费及球迷商品开发等收入渠道。俱乐部都有自己固定的主场，同体育场馆建立了租赁关系，以一定比例的门票收入分成或直接支付租金的方式，获得主场的使用权。

（二）有限责任公司

有限责任公司即一家企业一次性出资从体委买断运动队及相关场地设施，独资组建的俱乐部。这类俱乐部具有企业法人资格，按《公司法》规定的设立条件在工商行政管理部门注册登记并受《公司法》的保护。西方发达国家职业体育俱乐部大都是这种形式，我国只有足球职业俱乐部和少数篮球职业俱乐部按照这种形式组建和运作。这种俱乐部最显著的特征就是企业拥有俱乐部的全部产权。

（三）股份有限公司

股份有限公司指依照《公司法》的有关规定设立的。俱乐部全部资本分为等额股份，股东以其所持股份为限对俱乐部承担责任，俱乐部是以其全部资产对俱乐部的债务承担责任的企业法人。也就是说，这类俱乐部是由若干个企业共同出资组建的。按照我国《公司法》的规定，设立股份制职业体育俱乐部的方式有两种。一是发起设立。即由发起人（应当有5人以上）认购俱乐部发行的全部股份而设立的俱乐部。二是募集设立。即由发起人认购俱乐部应发股份的一部分（不得少于俱乐部股份总数的35%），其余部分向社会公开募集（必须经国务院证券管理部门批准后，公告招股说明书，并制作认股书）而设立的俱乐部。也就是常说的上市公司。目前，国内还没有上市的股份制俱乐部，但这种形式在英国、西班牙的足球项目中相当普遍。以股份有限公司的形式设立的职业俱乐部在我国还处在萌芽阶段。

二 国内职业体育俱乐部存在的问题

（一）职业体育俱乐部人才瓶颈突出

基于企业视角，职业体育作为生产者，投入了各俱乐部的生产要素和相关资源，以高水平职业体育竞赛为内容，组织满足观众娱乐享受需要的赛事，生产娱乐享受型的服务产品。高水平职业体育赛事由高水平职业运动员、教练员、裁判员以及管理人员等合作生产，高水平运动员无疑是职业体育生产的核心要素，决定所提供赛事产品的精彩程度。

我国职业体育发展人才瓶颈主要表现在以下三个方面。

首先是体育人才总量持续下降。国家体育总局青少年司调研报告显示，各级各类体校萎缩，自1990年的3687所减少到2011年的1724所，减少超过50%，还表现出持续萎缩的态势；参训青少年人数持续下降，田径项目在最近10年间参训人数减少 50%，少年儿童体校近20年来，以每10年萎缩50%的速度递减；足球项目萎缩更为严重，2013年U13我国注册小球员仅为400人；篮球现状也不乐观，著名篮球评论家苏群认为我国理论上应有2000位篮球精英，但被体育系统、教育系统割裂，造成篮球后备人才和职业篮球可选之才严重匮乏。

其次是人才培养体系割裂及存在壁垒。举国体制形成相对完整“闭环”人才培养体系，造成专业体育人才与职业体育人才自由流动的壁垒。以国家队为龙头，以省区市专业运动队为中坚力量，以重点业余体校为基础和后备军，以一般业余体校青少年运动员为基础的4级金字塔式的运动训练体系和网络，是我国竞技体育训练体系的基本组织形式和人才培养输送方式。省以上的教练员和运动员等有关竞技体育专业人员都纳入国家事业单位的正式编制，并享受工资和运动员津贴等；财政投入培养的专业体育人才，以怎样的方式流向职业体育，成为举国体制下专业体育与职业体育发展的壁垒。我国体育人才培养路径以及事业公益性属性，决定了我国竞技体育对外一盘棋和对内竞争的属性。地方政府对于体育的管理同样存在对内为“公”，对外为“私”的管理特征；地方体育管理作为地方政府管理的组成部分，对内为“公”，对外为“私”的基本属性不会改变，尤其是地方财政培养的专业体育人才，为确保地方体育事业发展，地方政府必然会阻止优秀体育人才流出，制约了职业体育发展的人才需求。

最后是职业体育俱乐部自身人才培养面临诸多问题。我国职业联赛对梯队建设、青少年后备力量培养极其重视。拥有青年梯队、培养储备后备力量是我国注册职业俱乐部和参加职业联赛的先决条件，如中国足球协会规定，注册职业俱乐部必须建立其享有所有权的U19、U17、U15年龄组的梯队至少各一支，并保证参加中国足协每年主办的各类比赛；中国篮球协会规定CBA准入必须满足拥有一支在中国篮协注册年限不少于3年的青年队，且连续参加过3次中国篮协组织的全国青年联赛或俱乐部青年联赛。职业体育俱乐部在具体培养过程中，面临诸多现实问题，如户籍和学籍问题，职业俱乐部青年队择优选取的培养对象因无法取得职业俱乐部所在地户籍而面临入学问题，越是发达的国家中心城市，该问题越是突出，如佛山龙狮队主场由佛山迁至广州后，户籍和学籍问题尤为严重，即便是广州恒大足球学校，也未能解决学籍之痛，因学籍和升学问题，恒大足球学校学生在初二、高二只能选择返回原籍参加升学考试。

（二）产权问题仍是职业俱乐部发展的拦路石

在职业体育发展初期，由专业体育转化而成职业体育，不仅没有摆脱专业体育制约，反而形成对政府行政的依赖，依靠政府行政力量，构建多元产权结构职业体育俱乐部，调整产权模式和利益分配模式，并以产权显现出来。多元产权结构有利于我国职业体育创建，却不利于职业体育发展，职业体育俱乐部产权所有者争取拥有更多的占有权、支配权、使用权、收益权，承担尽可能少的责任与义务。社会化、市场化过程中，企业性质的职业体育俱乐部产权不清晰，权责利不明确，企业难以实现盈利目标。

与公权力的公共服务目标冲突，公私权利话语权竞争等，都造成俱乐部经营困难，成为职业体育可持续发展障碍。产权问题还表现在职业联赛上，专业体育时期，由国家体育总局委托下属运动管理中心（运动单项协会）举办全国赛事，地方行政管理单位掌握着地方赛事的所有权和举办权；行政管理机构牢牢掌握着政策规制权、竞技体育国际赛事的参赛权、国内赛事的举办权、运动员的注册权、优质的竞技体育人力资源等；在举国体制、《奥运争光计划》等背景下的职业体育发展遭受体育行政管理部门的挤压较为严重，行政部门造成职业体育制度所必需的以自主行为和市场经济规范为中心的制度空间缺失。职业赛事作为一种特定生产方式，是职业体育俱乐部按照一定的组织方式集合在一起进行赛事服务产品生产的企业，产权是联合产权，由俱乐部的拥有人共同所有，共享联盟产权收益，共同承担由此造成的风险。现阶段我国采用运动单项协会管理职业体育赛事的方式，而单项协会脱胎于运动管理中心，具有明显的行政管理属性。运动管理中心与单项协会“一套班子，两块牌子”，既履行政府管理职能，又是职业赛事主办者，占有行政特权垄断赛事资源，运用行政手段掌控赛事运行和处理职业体育俱乐部之间的矛盾；占有职业体育赛事所有权，导致职业体育俱乐部市场运作空间被压缩，造成职业体育经营困境。

（三）职业体育俱乐部经营面临诸多难题

职业体育俱乐部在具体经营过程中，存在诸多问题。第一是非经营性开支过大。如安保费和税费，2015年整个中超安保费用开销约1亿元人民币； 2014年恒大纳税2.63亿元，而到 2015年纳税6.149亿元；广州2014年和2015年分别纳税0.74亿元和1.07亿元；广州龙狮篮球俱乐部 2016年纳税0.15亿元。第二是缺乏自由产权的经营性场地。如广州恒大租用广州天河体育中心体育场作为比赛主场，天河体育中心体育场的产权和经营权属于天河体育中心这一事业单位所有。恒大仅在赛期租用天河体育场，诸类问题还发生在广州富力、广州龙狮、广东宏远等职业体育俱乐部；俱乐部对比赛场地所有权和经营权的缺失，不利于俱乐部日常经营活动的开展。第三是俱乐部与非联赛赛事隔离。职业俱乐部以参加相关联赛，为公众提供服务产品，实现俱乐部价值；联赛之外的赛事与职业俱乐部的关联性较小。尽管我国已经放开赛事行政审评，但办赛资源仍掌控在体育行政机关，职业俱乐部作为企业法人，在办赛资源上，难以与具有事业属性的体育单项协会相竞争，造成职业体育俱乐部与地方承办非联赛赛事关联度极低，不利于职业体育俱乐部的经营和发展。第四是职业俱乐部与城市互动关联性不强，恒大足球、广东宏远、北京首钢、北京国安等职业体育俱乐部作为全国知名体育职业俱乐部，由于经营场地缺失、政府购买服务不足等原因，造成民众与职业俱乐部的隔阂，民众难以感受到职业体育氛围，职业体育俱乐部难以实现推广，培养球迷。第五则是职业体育关联行业发展不足，如广州恒大、广东宏远等知名职业体育俱乐部仅在体育行业内进行经营，最常见的做法为球星代言、出售服装等；关联职业体育小镇、职业体育与制造企业联合产品开发等严重不足，造成职业体育俱乐部经营困难。

思考题

1. 职业体育俱乐部的经营方式是怎样的?
2. 你认为职业体育俱乐部的发展将朝哪个方向发展?

第二章

社区体育健身俱乐部

本章导读

社区体育健身俱乐部是当今体育发展的重点。本章介绍了社区体育健身俱乐部的概念、基本要求以及其包含的具体内容。通过对社区体育健身的学习和了解，有助于更好地掌握社区体育健身俱乐部的经营与管理。

教学目标

- 了解社区体育健身俱乐部及相关内容
- 学习社区体育健身俱乐部的经营与管理的管理机制
- 探讨社区体育健身俱乐部的经营与管理的发展方向

学习内容

- 社区体育健身俱乐部的基本要求
- 社区体育健身俱乐部经营与管理的具体运作
- 优秀社区体育健身俱乐部经营与管理的范例

第一节　社区体育健身俱乐部概述

一　社区的概念

社区是社会学家使用最多的词，同时也是概念上最复杂、歧义最多的词之一。这可以从该概念的产生和发展看出来。这一词源于拉丁语，意思是共同的东西和亲密的伙伴关系，是社会学中的基本概念。学者们普遍认为，社区这个概念最初是由德国社会学家F.滕尼斯在其著作*Community and Society*（即《社区与社会》，著于1887 年）中提出来的，是从英文单词“community”翻译过来的，后来被许多学者引用，并逐渐流传下来。他因此而被誉为社区理论的创建者。随着现代化进程的发展，以及社区形式的多样性和复杂性，社区的概念也不断得到丰富和发展。近些年，我国的很多社会学家开始对“社区”进行深入细致的研究，而且对“社区”的理解和认识各不相同。《应用写作大百科》中写到，社区是一定的活动地域，例如村落、乡镇和城市，是社会空间和地理空间的结合，是由共同社会生活和共同文化维系的人组成。范国睿认为：“社区是生活在一定地域内的个人或家庭，出于对政治、社会、文化、教育等目的而形成的特定范围，不同社区间的文化、生活方式也因此区别开来。”而有的学者则从社区心理学的角度定义，例如刘视湘博士定义：“社区是某一地域里个体和群体的集合，其成员在生活上、心理上、文化上有一定的相互关联和共同认识。”

社区，是由若干群体或由家庭、团体、机关和企事业单位等组成的社会团体聚集在某一个领域里所形成的一个生活上相互关联、相对独立的社会生活单位，是社会有机体最基本的内容，是宏观社会的缩影。社会学家给社区下的定义有140 多种。尽管社会学家对社区下的定义各不相同，在构成社区的基本要素上的认识还是基本一致的，普遍认为一个社区应该包括一定数量的人口、一定范围的地域、一定规模的设施、一定特征的文化、一定类型的组织。社区就是由这样一个聚居在一定地域范围内的人们所组成的社会生活共同体。

20 世纪后期，无论台湾还是大陆，有感于过去过度重视宏观经济发展而忽略社区需求的情势，都分别将“社区建设”或“社区营造”提升到国家政策的层面。在地方组织方面，都开始在小型地缘组织中加入“社区”两字。如台湾的“社区理事会”，大陆则有意将原来的“居民委员会”改称为“社区居民委员会”，不过此举尚有很多法律问题没有厘清。现今大陆地区的社区，绝大部分是由城镇的居民委员会改名而来，少部分由并入城镇的村委会改名而来。大陆的社区是党和政府传递、落实政策和了解民情的最基层，社区在行政上接受街道办事处领导，由街道办接受并传达县级政府和各科局的任务及指示。以城市的“街道办事处”或“居民委员会”的行政管辖范围作为社区的基本单位是我国现阶段最常用的划分社区的方法。

二 社区体育健身俱乐部的概念

社区体育健身俱乐部是指“城市社区居民根据共同的目的和兴趣自愿组成的，以辖区内特定的体育场地设施为依托，经常开展体育活动，且隶属于街道办事处或社区居委会的公益性群众体育组织”。其有如下特征：

（1）参加俱乐部的主体：社区居民。

（2）场地器材：辖区内特定的体育场地设施。

（3）活动频度：经常开展体育活动。

（4）隶属关系：隶属于街道办事处或社区居委会。

（5）组织性质：公益性群众体育组织。

三 社区体育健身俱乐部的基本要求

社区体育健身俱乐部的建设与其他俱乐部一样有其最基本的要求，现从以下六点对社区体育健身俱乐部的基本要求进行概述。

（一）社区体育健身俱乐部以社会公益性事业为主，不以营利为目的

按照组织目标和受益者的关系，社区组织可以划分为经营性组织、慈善组织和互助组织三类。经营性组织是社区企业；互助组织是为特定的组织成员服务的有限性的公益组织；慈善组织是非限定性的社会公益组织，它没有属于本团体的私利，其组织目标是为非特定的社会绝大多数人服务的。慈善类组织和互助类组织统称为非营利性组织。根据目前我国社区体育俱乐部（组织）开展活动的性质，它们基本都属于非营利性的社会公益组织。对“非营利性”概念，人们并不陌生，但对社区体育健身俱乐部非营利性组织特征的理解却有较大的分歧。有些专家可能简单地把“非营利性”等同于“非盈利”，实际上这是不能完全画等号的两个概念。非营利性组织是可以有经营盈利的，但非营利性组织必须遵守非利润性的分配原则，即组织不是为其拥有者积累利润，组织盈利必须继续用于组织的使命。社区体育健身俱乐部将经营体育所得的利润再投入到社区福利体育中去，即表现了它的“非营利性”，并且只有这样，一种有活力的、充满生机的社区体育良性循环的局面才能形成。

（二）社区体育健身俱乐部活动的自愿性和大众性

社区体育健身俱乐部活动的自愿性是指参与者为自愿参加，成为社区体育健身俱乐部活动中的一分子，参与社区体育健身俱乐部的各项事务。社区体育健身俱乐部活动的大众性是指所有事务对公众开放，社区里的成员均可以参与其中。

（三）社区体育健身俱乐部的自主经营和政府的扶持

在社区体育健身俱乐部自主经营之外，西方发达国家的社区体育健身俱乐部的发展亦有赖于政府的财政支持，并从各级政府获得扶助资金。

（四）相关法律的健全

相关法律主要包括关于公共体育设施和学校体育设施免费或低租金向全社会开放的政策和法律；俱乐部中进行酒精类饮料等的商业性经营活动的政策和法律、社会性团体给予法人资格的法律等。如日本为大众体育活动培养专门的健身指导人才，实行社会体育指导员培养制度。

（五）场馆有保障

公共体育设施、学校体育设施以及企业的体育设施对公众开放，是西方发达国家社区体育俱乐部发展的有力保障。具备固定的且无偿或低偿向公众开放的体育活动场所，社区体育俱乐部才能得以发展壮大。

（六）赛事丰富

在西方发达国家，有社区体育俱乐部组织的大众体育赛事，还有众多由若干个社区体育俱乐部共同参与的区域性大众体育赛事。社区体育俱乐部还会为不同年龄段的俱乐部会员分别设置对应的体育赛事，并定期组织体育展示活动。目前，在各个西方发达国家中，德国的社区体育俱乐部发展最为稳定，这主要得益于德国社区体育俱乐部拥有较固定的体育设施、稳定的会员规模，权利和义务明确，能获得政府及体育机构稳定的资金补助。

四 社区体育健身俱乐部的目的和任务

社区体育健身俱乐部的目的在于，通过创办社区体育健身俱乐部，推动《全民健身计划纲要》第二期工程，推动“体育进社区”工作的深入开展，加强社区体育的基层组织建设，充分利用和有效整合社区体育资源，顺应全面建设小康社会的体育发展要求，满足广大社区居民日益增长的体育健身需求，从而推动城市社区建设。

社区体育健身俱乐部的任务是广泛吸纳社区居民积极参加社区体育健身俱乐部，充分利用所依托的体育场地设施，组织社区居民经常开展体育健身活动。通过开展丰富多彩的体育健身活动，增强社区居民身体素质和健康水平，丰富社区居民的体育文化生活，促进社区居民建立科学、文明和健康的生活方式，为社区居民进行社会交往创造良好的环境，从而推动社区建设。

第二节　社区体育健身俱乐部的经营与管理

一 社区体育健身俱乐部的组建形式与经营类型

（一）组建形式

在组建模式上，社区体育健身俱乐部主要有企事业单位合办、企业与政府部门合办、政府主办、事业单位主办、民间主办、基金会或以股份制的形式主办以及企业单位主办等模式。其中，主要依靠社会力量（非政府独办）办的体育健身俱乐部占主流地位。目前我国社区体育组织以独立的民间性和半官半民性组织类型为主体，这种类型的组织普遍存在着活动经费、场地、指导力量不足等方面的困难。因此，社区体育组织必须重视与当地政府行政机构的关系，依靠行政机构的支持及优惠政策，解决开展活动中遇到的自身难以解决的问题。可采用依靠政府行政机构的支持，聘请政府部门领导干部担任职务，与政府行政机构建立稳定性联系等方式，形成与行政机构的良好关系。

（二）经营类型

在经营类型方面，社区体育健身俱乐部主要有公益型和经营型（营利型）。其中，除小城镇以外，经营型体育俱乐部比例明显高于公益型俱乐部。

二 社区体育健身俱乐部的管理要求

（1）建立俱乐部要到当地民政部门或到所在的街道办事处或社区居委会登记、注册。

（2）俱乐部业务上接受所在区（县）体育行政部门的指导，俱乐部自然成为街道社区体协或区体育总会的团体会员。

（3）俱乐部要坚持经常开展活动，应该每天开放，时间跨度根据人体的运动习惯由早上7点至晚上10点。俱乐部要建立会员花名册和俱乐部工作档案。

（4）俱乐部每年年底要向登记注册部门和业务主管部门上交当年的工作总结和下一年度的工作计划。

（5）俱乐部年底进行经费使用情况审计，并向会员公布经费使用情况。

三 社区体育健身俱乐部的管理模式

在管理模式方面，按不同的体育组织在体育管理中的作用进行划分，国内外的体育健身俱乐部可分为政府管理型体制、社团管理型体制、政府和社团结合管理型体制（或准政府管理型体制）。

（一）政府管理型体制

1. 含义

政府管理型体制是指从中央到地方各级政府均设置专门的体育行政机构，对体育事业从宏观到微观进行全面的监控和管理；政府在体育政策、体育法规的制定、实施和体育资源的配置上起主导作用。

2. 优势

一是能够体现国家意志，并能代表最广大群众的利益。二是有利于整合一切社会力量，服从和服务于社会总目标的实现。三是有利于推动体育公共服务业的发展。因为体育公共服务业需要大量经费的投入，私人机构和社团组织往往难以承担。四是有利于政府调控。我国是一个人口众多、地域经济差异较大、综合国力有限的发展中国家，通过政府的调控，可以使不同经济发展水平和不同城市化水平的地区及不同层次的人群都能享受到最基本的体育权利和体育服务。

3. 存在的问题

一是易于造成行业垄断，政府是最习惯于采用垄断的方式实施管理的。体育属于社会服务的组成部分，政府对体育事业的垄断，降低了体育服务的质量，不能满足公民多层次和多样化的体育需求。二是容易阻塞体育社会团体参与和支持体育的渠道，最终限制体育的社会化。三是易于陷入大量的事务性工作，削弱宏观管理职能。国外大量经验表明，政府管理型体制容易排斥市场机制，使政府陷入大量不该管、管不了，也管不好的事务性工作中，从而严重削弱了宏观管理职能。

（二）社团管理型体制

1. 含义

社团管理型体制是指政府除了对相关体育社团给予必要的经费支持以外，不设立专门的体育行政机构，基本不干预体育管理的具体事务。国家体育政策的制定和实施、体育资源的配置以及体育工作完全由体育社团承担。但是采取这种管理体制必须拥有良好的体育基础设施、市场经济高度发达，体育社团依靠市场手段可以基本满足体育发展的经费需求，社会体育管理系统已经形成自我生存和自我造血的能力，不需要政府更多的经费投入等条件。

2. 优势

一是易于得到广泛的社会支持，易于动员社会力量参与和支持体育事务，充分发挥社会各界的积极性，充分体现社会各界的意志。二是有利于促进体育产业的发展。社团管理型体制采用市场化的运行机制，使体育资源能够依据体育市场的需求得到合理的配置，从而有效地促进体育产业的发展。三是在决策中体现了高度的民主。四是有助于培养国民的奉献精神。在社团管理型体制中，管理工作主要由志愿者承担。

3. 存在的问题

由于体育社团及民间机构各自代表了特定利益的群体，在体育管理中的利益分配、沟通与协作等方面不易协调，甚至会发生争执和相互抵制等问题。

（三）政府和社团结合管理型体制

1. 含义

政府和社团结合管理型体制是指体育管理的职能由体育行政机构和体育社团共同承担的体育管理体制。政府设立体育行政机构，承担体育的宏观管理、体育总目标和政策法规的制定、政策调控、经费支持等职能。体育社团承担微观管理和承办具体事务等职能。

体育行政机构为政府常设机构，机构的主要领导人由政府任命，这样有利于政府贯彻自己的体育目标，体现政府的意志。机构的经费主要由政府提供，这样有利于群众体育事业的发展。

2. 优势

一是能够充分地体现政府意志。由于体育行政机构是政府建立的，机构的主要负责人是政府任命的，因此，其机构性质和利益追求方面与体育社团有很大不同，有助于政府体育目标的实现，体现国家意志。二是由于引进了公司化的管理方式，从而引进了竞争机制，能够提高工作效率。由于采用了民主化的决策方式，从而提高了管理的透明度，有效地避免了官僚主义。三是能够更有效地调动体育社团和其他体育组织的积极性，充分发挥各自的优势。四是社团在管理过程中可以开展一定的体育经营活动。由于体育社团并非政府机构，因此在其管理过程中，可以适当开展体育经营活动。这有利于充分利用和挖掘体育的有形和无形资产，加快体育产业化进程，为体育事业的发展增加后劲。

四 社区健身体育俱乐部经费的筹集模式

按照经费筹集渠道进行划分有9种模式：政府补贴，拉赞助商，外派俱乐部工作人员，提供健身咨询，提高场馆、器材的利用率，向俱乐部会员收取少量会费，门票收入，借助银行力量和其他模式。

1. 政府补贴

在社区体育健身俱乐部运作的初级阶段，为物质层面、制度层面、观念层面上都不成熟的特定转型期，社区体育健身俱乐部根本不可能实现自主经营、自负盈亏。政府需要拿出一部分资金补贴给社区体育健身俱乐部作为开创和发展之用。同时，给出一定的优惠政策（如凡体育俱乐部为了支撑俱乐部运行需要所兴办的任何营利性摊位、商店和服务项目都应给予一定的税务减免等）鼓励发展相关体育产业。

2. 拉赞助商

在俱乐部运作过程中，鼓励各俱乐部自己主动出击拉赞助商或参加各种体育比赛、表演，在扩大社区体育健身俱乐部的知名度和影响力的同时，积极为社会上的各种公司、企业做广告宣传，这样利用社区公共效应和名牌效应也可以使更多的公司、企业单位向社区体育健身俱乐部投资，协助社区体育健身俱乐部的正常运作。

3. 外派俱乐部工作人员

由俱乐部出面联系一些相应的社会体育点、协会、公园、公共娱乐场所等，俱乐部派专人到这些场所担任技术指导，帮助那些自由分散的健身者学习一些基本技术（健美操、太极拳、乒乓球、羽毛球等），收取少量的服务费。这样既可以锻炼俱乐部骨干人员的实践能力，使俱乐部的指导员积累了经验，还为俱乐部筹集了一定的建设和运作资金。

4. 提供健身咨询

可设现场咨询和网上咨询两种形式，现场咨询就是对体育咨询者到俱乐部体育指导咨询处所提出的有关体育或身体健康的问题进行答疑，给出建议和方法。另外，俱乐部可以利用信息技术建立网上咨询网站或全民健身数据库，为群众提供各种健身、休闲、心理、生理等方面的咨询服务，指导人们掌握正确的健身方法，介绍新颖的健身手段，开设运动处方，为社会公司、企业等策划、组织大型的体育健身活动和比赛等。

5. 提高场馆、器材的利用率

利用俱乐部体育活动的闲暇时间，把多余的场馆、器材租给社会上一些个人或公司、企业等单位活动使用，同时收取部分费用，用于场地、器材的维修和建设。

6. 向俱乐部会员收取少量会费

对作为社区体育健身俱乐部的最终受益者的社区居民应该定期收取少量的会费，作为他们参加社区体育健身俱乐部各种活动、接受社区体育健身俱乐部各种服务的资格。

7. 门票收入

在节假日，由社区承办的各种大型体育比赛、大型文体健身操、大型公共交流会等，可根据具体情况收取相应的门票。

8. 借助银行力量

银行加强引导人们持卡进行体育优惠消费，如推出“社区体育健身卡”或者“社区体育健身储蓄卡”等产品，推动社区体育产业链的健康发展。

9. 其他

可办一些社区体育杂志、报纸等进行销售；试办社区体育小型彩票发行体系，增加社区体育健身俱乐部的收入；试用发行股票进行多方融资；有关政府部门制定一定的法规政策，督导房地产公司对社区体育健身俱乐部给予一定的资金支持；利用体育关联产业（如食品服务、器材服务、服装服务、澡堂服务等）增加社区体育健身俱乐部的资金来源。

五 社区体育健身俱乐部指导员队伍建设

对于社区体育健身俱乐部指导员队伍建设有以下9点内容。

1. 充分发挥政府行政的指导，加快社会体育指导员队伍建设

我国社会体育指导员的培养速度不能适应社区体育发展的需要，加快速度，提高社会体育指导员的业务素质已经迫在眉睫。利用我国现行的“政府主导型”社会体育指导员的等级制度，更好地发挥行政主导作用，加快对社区体育指导员的培养。

2. 社会体育指导员队伍建设必须与群众健身需求密切结合

目前，我国社会体育指导员只有级别（国家级、一级、二级、三级）划分而没有类别（青少年体育指导员、职工体育指导员、老年人体育指导员、社区体育指导员、休闲娱乐指导员、医疗康复指导员）和项目运动（网球、保龄球、高尔夫球、篮球等指导员）的划分。单一的结构不能满足不同行业、不同年龄、不同层次人们的需求，从而使得指导面窄、人群覆盖面小。我国社会体育指导员的服务项目以太极拳、健美操、气功为主，指导对象以离退休人员为主，指导内容以技能指导、小型赛事与活动的组织为主，缺乏指导服务的广度，不能满足社会群体多层次的体育需求。因此，必须丰富社会体育指导员的类别结构，明确区分不同类别、不同级别、不同项目的社会体育指导员在社会体育指导中的作用。

3. 不同类别的社会体育指导员在培训经费上应当区别对待

休闲娱乐指导员、医疗康复指导员、竞技体育指导员在培训后，可以把指导员当作一种职业进行有偿服务，这样不仅为社会体育的发展提供了支持，更重要的是在于它的社会意义，对义务服务者，国家应当尽可能地承担他们的培训费用。

4. 建立统一水平考试制度

社会体育指导员的资格考试，应当成为一种水平考试，向一切有志于为社会体育服务的人士敞开大门，这样一方面可规范社会体育指导员的资格、培训内容和培训标准，另一方面也可体现公平、公正、公开的原则。

5. 疏通我国社会体育指导员向社会提供指导的渠道

首先是完善培训制度，扩宽服务领域，提高社会体育指导员的社会认可度。其次是各体育行政机构和体育社团必须掌握社会各领域对社会体育指导员的需求情况，以利于有针对性的培训。再次，加强俱乐部建设，提高我国各体育组织的人口数量，这样可有效地为社会体育指导员提供稳定的指导服务渠道。最后，建立我国社会体育指导员协会及管理信息网络，以利于社会体育指导员的管理和向社会推荐社会体育指导员。

6. 完善社会体育指导员队伍的继续培训制度

我国社会体育发展日新月异，新的社会体育项目、社会体育方法，新的社会体

育思想和新的社会体育理论不断涌现。然而，现行的社会体育指导员等级制度不具备体育指导员的继续培训和进修的功能。如何保证社会体育指导员在取得“社会体育指导员资格证书”以后，继续保持自身的社会体育观念、体育理论、体育知识、体育方法等跟得上社会体育发展需要的步伐，是一个必须重视的问题。应该指出的是，高校、各级体协、社会体育组织都应该成为社会体育指导员培训和继续教育的基地。只有这样，社会体育指导员的队伍才能不断壮大，素质才能不断提高。

7. 加快社会体育指导员的职业化进程，实现“职业”和“奉献”相结合

随着社会体育产业化进程的发展，我国有些高校已经开设了社会体育专业，但远远满足不了社会的需要。但是，国家社会体育指导员称号又突出“义务奉献”性，这无形中加大了高校开办社会体育专业的压力。明确指导员的“职业化”发展方向，把“职业化”和“奉献性”结合起来，势必会提高社会体育指导员队伍的建设速度。

8. 重视社会体育产业化的研究，发挥一切积极力量，开拓体育指导员建设渠道

加强社会体育指导员等级制度和社会产业发展的研究，加快社会体育指导员等级制度建设，必须坚持理论先导作用，调动包括高校教师、体委委员教练、科研人员、离退休中的能人志士以及热衷体育的研究人员等在内的一切积极力量，为社会体育献计献策，加快社区体育中体育指导员队伍的建设。

9. 畅通高校体育专业大学生进入社区体育健身俱乐部的渠道

高校体育专业大学生到社区体育健身俱乐部担任社会体育指导员可采用半义务计酬的方式进行。这样既为社区体育健身俱乐部节约了聘请专业体育指导员的费用，同时又给高校体育专业学生提供了很多的锻炼机会，培养了他们的实践经验。

第三节　社区体育健身俱乐部的管理和具体运作

一　社区体育健身俱乐部管理机制

社区体育健身俱乐部管理机制分为制定具有中国特色的社区体育健身俱乐部管理制度和社区体育健身俱乐部的管理机构设置和职责划分两部分内容。

（一）制定具有中国特色的社区体育健身俱乐部管理制度

管理制度是社区体育健身俱乐部顺利运作的重要保障。由于我国城市社区体育健身俱乐部目前处于试建阶段，所以社区体育健身俱乐部在管理制度的建设方面还不健全，即便有部分试点已经制定出了一些社区体育健身俱乐部的管理制度，但是

相当不成熟。在俱乐部管理制度的建设方面，笔者提出以下三条建议。

(1) 各级行政主管部门以党和国家教育法规为导向，拟定社区体育健身俱乐部发展的方针政策。

(2) 各级各类社区体育研究部门依据行政指令，制订该辖属范围内各社区实施体育健身俱乐部的督导检查制度。

(3) 各级各类城市社区依据上级主管部门指令并结合自身实际情况，拟定适合本社区实际的规章制度。

(二) 社区体育健身俱乐部的管理机构设置和带刺划分

社区体育健身俱乐部一般设置综合部、竞赛部、体研部、后期服务部、联络部等机构。综合部的职能主要是为社区居民办理入会手续、会员注册、财务管理及制订俱乐部的各项管理制度等；竞赛部的主要职能是负责组织宣传工作，制订各类竞赛计划、竞赛规则，负责裁判培训，组织社区内外的各类比赛等；体研部的主要职能是负责俱乐部会员的技术指导，指导和帮助综合部和竞赛部的各项工作，对俱乐部进行调研和总结，进行科学研究和学术、健康讲座等；后勤服务部主要负责体育器材的收发与管理、场馆器材的维护和维修、体育器材的选购及制订场馆器材管理制度等；联络部负责俱乐部的对外交流工作，主要包括联络对外的体育比赛，以及社区体育文化交流活动等。以上各部都配备相应的专职体育指导员进行帮助和指导工作。

二 社区体育健身俱乐部的管理机构设置和职责划分

1. 加强社区的管理

一是领导重视，管理规范。社区在成立健身俱乐部的基础上，应不断完善各项规章制度。在具体工作中，做到每年有部署，阶段有计划，平时有活动，年终有总结，切实把做好社区的各项体育工作落到实处，俱乐部还应成立党小组，通过发挥各团队党员的作用，增加各团队的凝聚力。此外，俱乐部还可以建立健身辅导站，配备专职社会文体指导员，兼职文体指导员等。同时应制定社区健身俱乐部章程、社区健身俱乐部工作职责、社区健身俱乐部工作管理制度、社区健身俱乐部服务细则及各种体育场地管理制度等，并在辖区内设晨晚练点。

二是应不断强化社区健身俱乐部的阵地和设施建设。开展群众体育工作，阵地是基础，队伍是活力。为此社区健身俱乐部积极建设居民体育阵地，从多种渠道挖掘资金，用于健身俱乐部各种专门的体育场地、健身器材等的建设，俱乐部规范体育健身设施的管理，使体育健身设施有人用、有人管、有人修。通过多项服务，为社区居民构建一个环境优美、器材清洁的健身地所。

三是坚持广泛发动、发展壮大社区文体俱乐部队伍。为了有效组织居民参加体育活动，社区健身体育俱乐部可以充分运用居委黑板报、宣传窗等载体，大力弘扬全民健身运动，壮大社区健身俱乐部的队伍，有效激发社区居民的参与积极性，还可以组建啦啦舞队、音乐腰鼓队、交谊舞队、乒乓球队、划手操队、排舞队等体育队伍，俱乐部从场地、资金、教师等多方面给予支持，给这些活动团体提供更便利的条件。目前健身队伍实行会员制管理，俱乐部采取发展和培训并举，通过不断完善队伍机制，形成骨干基础；每年可组织俱乐部中的体育骨干开展培训，让团队骨干外出参观学习，增加文体俱乐部的凝聚力，会对丰富社区居民的体育活动项目起到积极的推动作用。

四是不断强化社区健身俱乐部活动建设。健身活动是开展社区文体俱乐部工作的核心和重点。俱乐部经过认真调查、反复研究，从社区居民喜闻乐见、易于组织、效果明显、影响较大的一些传统文体项目入手，把社区居民的参与性和积极性调动起来，发动居民自觉地参加体育活动，达到全民健身的效果。①坚持组织居民开展日常的操舞训练、太极剑、太极拳、健身操、排舞、秧歌等活动；②坚持举办普及性的俱乐部文体骨干活动培训班，俱乐部每年专门请来教师举办排舞、秧歌、健美操、舞蹈、瑜珈等文体项目的培训班。③鼓励社区文体俱乐部的各支文体队伍走出去，积极参加市、区业务部门和单位组织的各项活动及赛事。④承办社区文化节，组织体育赛事，吸引更多的居民群众参与社区文体活动，从多种渠道挖掘资金，组织一系列文艺演出、体育赛事，有助于形成全民健身的体育新风尚。

社区居民体育健身工作是一项系统工作，建设社区健身俱乐部更是一项利国利民的大事。社区体育健身俱乐部应不断整合社会资源，充分吸纳“外资”，借用“外智”，走出一条社会化运作的创新新路子，共同推进社区体育工作的建设。

2. 制订社区体育健身俱乐部的管理目标

社区体育健身俱乐部的管理目标既要与社区体育健身俱乐部所具有的软硬件条件相符合，又要充分考虑社区居民的实际情况。目标应具有适应性、可操作性、合理性和超前性。社区体育健身俱乐部运动委员会制定总体目标，这个目标是纲领性的和指导性的，涉及所有俱乐部应该遵守的章程以及应该注意的问题等；社区体育健身俱乐部各部委要制定分目标，这个目标是各部委的指导性和发展性文件；同时社区体育健身俱乐部会员也要为自己制定目标，这个目标是由指导员和会员共同制定的。在制定目标的过程中，每个俱乐部成员都有发言的权利。目标制定后，每个会员都应明白自己在俱乐部内应该做什么和不应该做什么。俱乐部运动委员会制定的目标是针对整个俱乐部的，各部委的目标是针对各部委的责任和义务，而会员个人的目标是针对个体的。无论是俱乐部的目标、各部委的目标，还是个体会员的目标，都应是较为实际和贴切的，目标如果定得太高会影响社区体育健身俱乐部的发展和社区居民参加俱乐部的积极性。

3. 逐步完善俱乐部的激励和约束机制

社区体育健身俱乐部应该采取激励和约束相结合的手段。激励包括精神激励和物质奖励。精神激励主要从会员的兴趣、爱好出发，最大限度满足俱乐部成员的健身需求。俱乐部要定期和不定期地对表现突出的会员进行表扬，也可以采取评选优秀会员的办法，鼓励会员积极参加俱乐部组织的各种体育活动。俱乐部要通过各种渠道来筹措资金，对表现突出的会员给予一定的物质奖励。俱乐部特别要对那些代表俱乐部外出参加外部体育活动或体育比赛并取得好名次的会员进行精神和物质的双重奖励。对于那些在俱乐部活动中表现很消极的会员要加以矫正、引导。

首先，建立健身激励机制。"需要—欲望—满意"链是管理心理学重要的激励原理，它在于从社区居民个体心理实际出发，以激发社区居民更强烈的健身动机，使社区居民积极参加体育健身活动。健身实效及俱乐部的科学、方便、经济、热情的服务是社区居民获得满意的基本要求。社区居民的满意程度不仅反映社区体育健身俱乐部工作质量的高低，而且直接导致社区居民对健身的需要和保持继续锻炼的行为。保证有足够的活动人数和固定的缴纳会费的会员是社区体育健身俱乐部追求的目标，也是衡量俱乐部是否具有生命力和可持续发展能力的重要标志。为此，要结合社区居民不同年龄、不同性别的生理、心理特点，利用健身激励机制，调动居民的健身积极性，最大容量地吸纳社区内外人员参加俱乐部的各种体育活动。

其次，建立评估督导、激励机制。评估督导是一种通过上级体育行政部门或街道办事处的强化管理、外部检查督导和本身自加压力、负重奋进相结合的办法，来推动社区体育健身俱乐部持续发展的手段和机制。体育行政部门要拟定评估指标体系，制定评估标准，分期对社区体育健身俱乐部进行评估。评估不仅可以有效激励健身俱乐部管理人员的积极性，而且可以有力促进地方体育行政部门和街道办事处更加重视、关心和支持此项工作的开展。以评促建、以评促改，重在建设必将有力推动社区健身俱乐部更快更好地发展。对俱乐部的保障体系、管理体制、目标达成度进行评估，肯定成绩，总结经验，表彰先进，树立榜样，可以为社区体育健身俱乐部建设起到典型引路和以点带面的作用，进而使社区体育健身俱乐部建立科学运行机制。

4. 完善体育健身俱乐部评估体系

建立评估机制。在未来的管理模式中，体育行政部门并不直接对社区体育健身俱乐部进行管理，而是通过对其业绩、工作效果的评估来完成间接管理，规范和引导社区体育健身俱乐部的工作和行为，从而达到服务和服从于上级部门的体育目标的目的。这种评估标准应是建立在科学性与适用性基础之上的可量化标准。可以采用模糊综合评价的方法，从场（馆）设施、生态环境、综合管理、体育文化氛围等方面对社区体育健身俱乐部进行综合评价。可通过一定的组织系统评定出实施《全民健身计划纲要》工作的优劣，从而更好地推动群众体育活动的开展和《全民健身计划纲要》的实施。

三 社区体育健身俱乐部的具体运作

社区体育健身俱乐部的具体运作包含以下三方面内容：俱乐部的日常群众体育锻炼体系、会员体育成绩的验收和俱乐部的体育活动与比赛体系。

（一）俱乐部的日常群众体育锻炼体系

顺应群众体育发展趋势，以社区居民体质目标为依据，以身体锻炼的特殊性为出发点，符合社区居民的身心特点，充分利用各个社区的软硬件设施，发展社区体育。以会员为主的指导组织形式，会员进行活动、锻炼，指导员进行组织、辅导。指导的基本组织形式原则上按照老、中、青少年分组，但可根据实际情况随时进行调整。老年组和中年组可男女同组，青少年组可试行男女分组（视情况而定）。各个组内不分职业、职务、身份等。

1. 内容设置

①设置原则。俱乐部的内容体系根据社区体育的价值定位和社区体育的特点进行设置。社区体育的价值定位包括健身需要、娱乐与休闲需要、比赛取胜需要、社会联络需要和康复需要。社区体育的特点包括内容广泛性、主题选择性、团体异质性和符合适应性。②设置内容。俱乐部活动项目的设置要顺应群众体育发展趋势，以社区居民体质目标为依据，以身体锻炼的特殊性为出发点，符合社区居民的身心特点，充分利用各个社区的软硬件设施，优化发展社区体育。在调研的基础上，笔者对俱乐部的内容设置作了以下归类。（如下图所示）

- 内容设置
  - 活动项目
    - 竞技项目：篮球、足球、排球、网球、乒乓球、羽毛球、游泳、跆拳道、截拳道、散打等
    - 非竞技项目：门球、保龄球、台球、毽球、武术、体育舞蹈、健身操、健美操、技击操、交谊舞、太极拳、导引养生功、桥牌、围棋等
  - 理论技术初学：技术教授、锻炼方法、体育基本理论、健康知识、养生方法等
  - 体育服务：体能测试、健康诊断、运动处方制定、健康和心理咨询等

当然在内容设置方面，各社区体育健身俱乐部可根据本社区的体育指导员队伍

力量、场馆器材和设备的实际状况来进行具体的安排和调整。

2. 社区体育健身俱乐部的选项登记工作

在每个季度的开始前，由俱乐部向社区居民委员会提供本季度俱乐部提供的项目设置、组织形式、活动内容、体育指导员简介等，然后将上述内容在居民报名的前两周由社区委员会公开发布；同时俱乐部将全体体育指导员的基本情况、照片和所要开设的锻炼或养生内容利用宣传栏向居民公示，或通过社区广播进行宣传，并在俱乐部正式开放前进行一周的试开放，让居民充分了解健身锻炼适宜性选择的重要意义，各项目、各级别的特点，每个俱乐部指导员的状况，使居民对俱乐部的情况做到心中有数。在俱乐部正式开放前由居委会、俱乐部统一组织居民进行集体登记（有条件的可在网上进行有关日后锻炼事宜的选择），居民根据自己了解到的指导员的水平、项目特点、自己的爱好及专长进行选择。居民在一周的试开放时间内均可选择不同级别不同项目的锻炼组别、方式和项目等，当居民选定好自己的锻炼内容后，就可以填选项表。选项表填好之后，以户为单位，按规定时间交到俱乐部日常健身活动开展秘书处，由办公室负责统一安排。

根据居民填报选项的情况，日常健身活动秘书处进行分项，分派俱乐部的工作，分好后反馈给各俱乐部主任，把原始小组的每个居民的信息和选项情况输入计算机，建立会员登记卡。

俱乐部根据日常健身活动秘书处送来的名单，通知会员进行身体和技能测验的时间、地点和要求；同时按时组织体育指导员进行测验，根据会员的水平分为A、B、C三个等级，并进行合理分组。在收取会员的会费后，俱乐部主任签字，抄送秘书处，由日常健身活动秘书输入计算机备案。

俱乐部接到日常健身活动秘书处的反馈信息后，具体安排会员健身活动和健康、养生理论指导的时间与地点。

3. 俱乐部的健身活动锻炼形式

俱乐部可采用以会员为主的指导组织形式，会员进行活动、锻炼，指导员进行组织、辅导。指导的基本组织形式原则上按照老、中、青少年分组，但可根据实际情况随时进行调整。老年组和中年组可男女同组，青少年组可试行男女分组（看情况而定）。各个组内不分职业、职务来开设理论技术学习教室、社区黑板报或社区体育有关体育宣传报、社区体育广播，有条件的还可建立社区体育网站进行信息传递和收集。

（二）会员体育成绩的验收

会员体育成绩主要通过检测会员自身的变化来进行验收，主要包括健康测验、口头陈述、自我展示、集体会演或比赛和自我评价五个方面。

1. 健康测验

主要涉及一些与健康有关的体能，或是与竞技运动成绩提高有关的体能，并根据会员获得的分数来设定具体学习目标，评价是否有所进步。

2. 口头陈述

口头陈述是另一种替代性评价形式，给予会员展示自己的能力及知识的机会。这种方法要求会员综合运用知识，得出结论，做出决定，证明选择的正确性。

3. 自我展示

自我展示可以用来全面考察会员的技能和行为表现。要求会员具备在观众面前表现自己的技能和运动知识的能力。在公众面前展示自己的能力和成就，会员的自我责任感会大大增强，从而能更好地激发他们的锻炼潜能。

4. 集体会演或比赛

各个分组集体进行体育会演，以会演比赛的形式决出名次，奖励先进。也可以以社区体育运动会的形式进行自我评价。

5. 自我评价

会员在每个季度锻炼完后，可以对自己平常的健康状况进行盘点，比较身体、精神和生活等方面状况在锻炼前后是否有所改观，进而评定自己参加体育健身俱乐部锻炼是否有效。

（三）俱乐部的体育活动与比赛体系

俱乐部的体育活动与比赛体系按照组织程度进行划分，可分为选派体育指导员组织日常训练和各种比赛、逐步将赛事扩展到不同社区俱乐部之间的比赛两部分内容。

1. 选派体育指导员组织日常训练和各种比赛

俱乐部的比赛（活动）以相对变换的项目和固定的时间为基点，每月举办2～3项比赛，形成惯例。

2. 逐步将赛事扩展到不同社区俱乐部之间的比赛

各俱乐部的各运动项目由会员组成代表队，选派具有丰富训练经验的体育指导员担任教练员，组织日常训练和各种比赛。社区对运动队应给予一定的经费支持，俱乐部也可通过其他形式来筹集费用，这样在普及的基础上，更有利于社区体育后备人才的培养。同时，体育竞赛是搞好社区居民业余体育的一个重要环节。社区居民业余体育的竞赛有别于普通的体育竞赛或体育活动，笔者建议俱乐部的比赛（活动）以相对变换的项目和固定的时间为基点，每月举办2～3项比赛，形成惯例。比赛项目、时间、办法等要提前通知，这样既便于居民围绕比赛进行准备，以赛促练，也有利于竞赛的组织和管理。在竞赛的层次方面应考虑到让不同技术水平的会员均有参赛的机会，使其更好地感受到体育比赛的氛围和乐趣。随着社区内部俱乐部之间竞赛的开展，以后可以逐步将赛事扩展到不同社区俱乐部之间进行比赛。

思考题

1. 社区体育健身俱乐部的概念是什么？
2. 社区体育健身俱乐部的经费筹集模式有哪些？

附录：优秀社区体育健身俱乐部的经营与管理范例

上海市市委“一号课题”1＋6 文件于2015年1月5日发布。“1”是《中共上海市委上海市政府关于进一步创新社会治理加强基层建设的意见》；“6”涉及街道体制改革、居民区治理体系完善、村级治理体系完善、网格化管理、社会力量参与、社区工作者的6个配套文件。社区体育是全民健身的重要阵地，社区体育健身俱乐部成为城市居民参与全民健身的主要载体和基本组织形式。在新的时期，上海市社区体育健身俱乐部没有固守陈规，而是勇于探索和创新，大胆推进改革，寻求适应社会发展的模式。上海市社区体育健身俱乐部的建设和发展均具有现实的参考价值。

一、上海市社区体育健身俱乐部发展概况

上海市于1995年实行“两级政府、三级管理、四级网络”的城市管理体制，当时的社区建设就与这一管理体制密切地结合在一起。基于这一社会历史背景，上海市开启了其独特的发展模式，即一个街道（或者一个镇）建设一个社区体育健身俱乐部。另外，随着一些工业园区的陆续建成，原本人迹稀少的地方逐渐形成具有人气、活力的“工业—生活圈”，在此工作和生活的人同样需要体育健身。基于此，上海市针对工业园区这一特殊区域也相应地建设了社区体育健身俱乐部。2004年，上海市积极申报创建国家级社区体育健身俱乐部试点工作，经过不断努力，成为全国首批26家国家级社区体育健身俱乐部（ 试点）单位之一。上海市已经完成了8批社区体育健身俱乐部的建设工作，截至2016年9月30日，上海市已成立157家社区体育健身俱乐部，覆盖率超过 了70%，其中工业园区社区体育健身俱乐部已建成2家，即金山工业区社区体育健身俱乐部和嘉庆工业区社区体育健身俱乐部，国家级社区体育健身俱乐部14家。其目标是争取用两到三年实现全覆盖，即全上海市每一个街道（或每一个镇）以及每一个工业园区都有一个自己的社区体育健身俱乐部。上海市社区体育健身俱乐部一开始都是在政府的扶持下成立的，但由于各社区体育健身俱乐部自身的差异，在运行过程中探索出了一套适合于各自生存和发展的运行机制和管理模式。

二、上海市社区体育健身俱乐部运行的类型

上海市社区体育健身俱乐部成立之初，大都是依靠政府的培育和扶持，具有浓厚的行政色彩，且缺乏独立性和自主性。随着社会力量的崛起，社会组织发展的空间逐步开放，社区体育健身俱乐部立足于自身优势，取长补短，积极探索创新，充分发挥其作为一个社会服务机构的作用，逐渐摆脱了依赖政府单一资源的运行模式，走出了多样化的发展道路。

1. 与街道合作型

社区体育健身俱乐部与街道合作关系的建立，是政府职能转变的重要表现，打破了传统的依附型关系。社区体育健身俱乐部不再是“被管”的对象，而是与街道平等地参与社区体育公共事务，履行其作为一个社会治理主体角色的职责。在这种合作关系中，街道不再是万能型和干预型的政府角色，而是有限型和服务型的政府角色；社区体育健身俱乐部则获得“实体化”，可以独立自主地进行运作。具有代表性的有南京东路社区体育健身俱乐部、四平社区体育健身俱乐部等。以南京东路社区体育健身俱乐部为例，其所在街道给予政策方面的扶持以及常规的资金支持，并在社区体育的发展目标和方向上加以把握，业务方面则由俱乐部自身全权负责。在这样一个相对自由和独立的空间里，南京东路社区体育健身俱乐部本着“挖掘潜能，辐射周边”的指导思想，盘活了社区内及周边的各种可利用资源，实现并完善了健身、培训和指导三个功能，构建了决策层、管理层、监督层、服务层、活动层五个层面的社区体育治理体系。

2. 与企业机构合作型

社区体育健身俱乐部与企业机构合作，是社区群众体育管理的新模式，其代表有半淞园社区体育健身俱乐部、延吉社区体育健身俱乐部、南翔社区体育健身俱乐部等。以半淞园社区体育健身俱乐部为例，2013 年 7 月，半淞园路街道以政府购买服务形式，引进社会专业服务机构——上海星之健身俱乐部有限公司，签订了黄浦区半淞园路街道社区群众体育合作服务协议。根据协议，由上海星之健身俱乐部有限公司的专业人员组成工作小组，受托管理社区体育健身俱乐部的日常运营。星之健身工作小组直接对接上级体育部门和本社区各居委及社区体育团队，按照上级体育部门的工作要求和街道社区体育的工作目标，从全民健身、科学指导、活动赛事、品牌集聚等四个方面整合社区体育健身俱乐部的基本职能，规划并组织实施年度和各阶段社区体育工作。经过近四年的探索和实践，半淞园路街道基本建立了社区与健身专业机构紧密合作的“实体化”社区体育服务新模式和整合社区体育服务资源与职能的“一体化”专业服务新机制。

3. 与高校合作型

社区体育健身俱乐部与所属社区内的高校进行合作，不仅盘活了高校体育资源，而且解决了社区体育场馆设施不足的难题，实现了多赢。在这方面，凌云华理社区体育健身俱乐部积累了丰富的经验。该体育健身俱乐部由凌云街道与华东理工大学共同创建，并成立了理事会，签订了有关合作协议。华东理工大学为其提供办公地点、体育场馆设施、学生志愿者等，避免了学校体育场馆设施的闲置和浪费。对于体育健身俱乐部而言，其日常的各项活动计划在理事会上通过就可以开展。这种合作方式使得其在资金运转和人员调配方面具有较大的自由空间，利于各类活动和赛事的顺利开展。依托华东理工大学丰富的体育资源和天然的公信力，凌云华理社区体育健身俱乐部在社区范围内的信任成本降低了，并凭借这一平台，进入到所属社区范围的中小学，与中小学达成了有关体育场地设施运用和体育培训及赛事的合作协议。在这一运作模式下，凌云华理社区体育健身俱乐部打造了自身的优势和品牌——青少年体育培训，得到了校方和家长的肯定。

4. 与社会个人合作型

这类社区体育健身俱乐部，与前三类社区体育健身俱乐部的最大不同就是在成立之初由社会个人主动发起，而非政府创建，尽管政府也予以扶持，但并不像前三类社区体育健身俱乐部在成立之初就带有浓厚的行政色彩，它与政府是分开的，保持了其个体性，是一种突破。目前这类体育俱乐部数量虽然不多，但起到了很好的示范作用，对于推进创新社会治理进程具有重要意义。如上海市松江区岳阳社区群众体育俱乐部由社会个人担任法人，自筹资金103万元，于2012年6 月注册挂靠在岳阳街道文化体育中心。街道文化体育中心为其提供办公场所和活动训练场馆等，体育俱乐部则在辖区内广泛组织各项体育活动，吸纳社区居民积极参与，并对社区所属体育社会组织实施有效管理。

2015年7月，经过层层考核和筛选，岳阳社区群众体育俱乐部正式成为上海市政府采购的注册供应商。这种运行模式的社区体育健身俱乐部是社会力量崛起的产物，具有很强的独立性和自主性，符合体育俱乐部的内部发展规律，适应了社会发展的需求变化。

三、上海市社区体育健身俱乐部管理的经验

1. 发挥社会中介组织力量——上海市社区体育协会成立

社区体育俱乐部创立之初依靠政府的扶持，但是在十多年的发展过程中，社区体育俱乐部不仅没有实现自治，反而越来越依赖政府，即上海市社区体育俱乐部的主要负责人员多为政府部门工作人员，依赖政府的资金投入，管办不分离。这种管理模式使得政府既当“运动员”，又当“裁判员”。在此背景下，上海市社区体育协

会成立，它作为一个社会中介组织承接社区体育健身俱乐部的管理工作，包括开展调研培训、指导活动实践、组织配送服务、推进俱乐部规范化建设等。社区体育健身俱乐部则作为会员接受市社区体育协会的业务指导。相对于之前的政府管理，社区体育健身俱乐部的行政色彩逐渐弱化，并在市社区体育协会的扶持和培育下，逐步摆脱对政府的依赖，获得自由发展的空间。在此过程中，一些规范性较强、制度较完善的社区体育健身俱乐部独立出来，获得了自主性；而一些组织内部松散、管理无序的社区体育健身俱乐部则慢慢规范完善起来，向自治转变。

2. 推进枢纽式管理方式——社区体育健身俱乐部试点

上海市社区体育协会不管从其职责范围来看还是从其组织属性来看，已然是一个枢纽型社会组织。尽管如此，上海市社区体育协会首先从其组织内部进行了枢纽式管理的探索和实践，并在此基础上承担起培育和引导社区体育健身俱乐部展开枢纽式管理的工作。比如以社区体育健身俱乐部为节点，建立健全基层体育社会组织网络，加强辖区内企事业单位的横向联合，搭建社区体育组织联席会议平台，整合社区公共体育场所设施和体育服务资源，联合开展社区体育赛事活动。具体做法是抓典型、促试点，健全基层体育组织网络；枢纽式管理，构建公共体育服务平台，提升社区体育服务质量。首批枢纽式管理试点有10个社区体育健身俱乐部，包括四平、延吉、半淞园、南京东路、五角场、徐家汇、凌云华理、宝山路、新泾镇和静安寺社区体育健身俱乐部。针对10个试点社区，上海市社区体育协会不定期地召开社区体育社会组织枢纽式管理工作推进会，提供平台促进经验交流与分享，同时对于社区体育健身俱乐部在推进枢纽式管理中遇到的难题给出针对性的解决方案和指导意见。目前这项试点工作已初见成效，从根本上解决了社区体育活动、锻炼场地、活动经费三个方面的瓶颈问题，推动了全民健身工作全覆盖。

四、上海市社区体育健身俱乐部发展的启示

1. 政府在管理中选择性地扶持

社区体育健身俱乐部作为一种社会服务机构，与政府之间应该是一种合作伙伴的关系，而不是被管理者。走向独立、自我管理、自我发展，既是创新社会治理的外在要求，也是社区体育健身俱乐部可持续发展的内在需求。通过有效的扶持和引导，使其能够摆脱依赖走向独立自主，促进它们的“实体化”。

2. 社区体育健身俱乐部的品牌打造策略

社会服务机构的基本宗旨和目标是要使服务取得实质性成果。这就需要积极应对新时期社会需求的变化。在社会建设日益推进的当下，社会服务机构与经济组织一样，除了管理模式和运行机制外，其品牌的重要性也开始凸显，同时品牌的影响力直接影响着社会服务机构的生存与发展。品牌打造成为上海市社区体育健身俱乐

部持续发展的生命力。如静安区石门二路社区体育健身俱乐部，是一个年轻且专业的体育健身俱乐部，其品牌打造的特点包括：健身房课程重特色，根据健身会员的不同年龄、性别、兴趣爱好等，有针对性地设置每天晚上的团体操课，并聘请具有专业资质的教练前来授课；体育关爱重全面，将群众体育与健康关爱紧密结合起来，全面落实“体育关爱五行项目”，将科学锻炼的知识覆盖到“老、中、青、少、残”各方面人群；社区比赛重参与，以“寻找身边的生活体育达人”为主线，坚持以“时尚性、趣味性、参与性”为特点开展群众体育比赛，以比赛促进全民健身的实现。徐家汇社区体育健身俱乐部，围绕时尚、魅力、活力的宗旨，强化白领体育特色，打造一流的徐家汇白领体育品牌。

3. 市社区体育协会的社会中介组织力量

政府在其职能转变和简政放权过程中，积极地发挥社会中介组织的力量，建立起一个政府与其他机构、组织交流互动的桥梁，协调了政府与其他主体在公共服务中的关系，社会中介组织的作用日益凸显。社会中介组织作为政府与私营部门之外的“第三种力量”，它的主要职责是承担一定的社会性、公益性、事务性的社会职能以及受政府授权的公共服务职能，以沟通政府与社会，为社会和经济生活提供广泛的服务。

五、结语

上海市“一街（镇）一区”的社区体育健身俱乐部发展思路，在21世纪初期已是一种创新的社区体育发展模式。在创新社会治理背景下，上海市坚持以观念创新带动社区体育体制创新，切实转变政府职能，积极探索新形势下社区体育发展的新路子、新模式，在社区体育健身俱乐部外部发挥社会中介组织的力量，内部推进枢纽式管理。上海市150多个社区体育健身俱乐部呈现出多种运行模式，是进一步改革创新的产物，走向独立进行自治是趋势也是目标，但并不代表要统一化和标准化，因为同质化并不是改革创新的目的。社区体育健身俱乐部在独立自主的同时，打造自身品牌，吸收多种成分建立长期稳定的合作关系，拓宽资金来源渠道，方是其创新发展的生命力所在。

第三章

青少年体育俱乐部

本章导读

少年强则国强。青少年的身体素质直接关乎祖国的未来。青少年体育俱乐部对提高青少年身体素质起关键作用。本章介绍了青少年体育俱乐部发展现状、特征以及其所包含的具体内容。通过对青少年体育俱乐部的学习和了解，有助于更好地掌握青少年体育俱乐部的经营与管理。

教学目标

- 了解青少年体育俱乐部
- 学习青少年体育俱乐部的管理内容
- 探讨国内外青少年体育俱乐部的发展方向

学习内容

- 青少年体育俱乐部的发展历程
- 青少年体育俱乐部的经营与管理的具体内容

第一节　青少年体育俱乐部概述

一　青少年体育俱乐部的概念和意义

（一）青少年体育俱乐部的概念

青少年体育俱乐部的内涵：一是“青少年体育俱乐部是公益型体育俱乐部”；二是青少年体育俱乐部的服务主体是广大青少年，它应做到“优惠向青少年学生开放体育场馆设施，广泛吸纳青少年学生参加体育活动”；三是青少年体育俱乐部“主要是培养学生的体育兴趣，传授体育知识、技术，让学生养成终身体育锻炼的习惯”。

从2000年开始，国家、省、地（市）三级体育行政部门，用彩票公益金建立青少年体育俱乐部，每个试点俱乐部投入采取4:4:2的比例，即国家体育总局出4万元，省级体育部门出4万元，地市体育部门出2万元，每年10万元，两年共投入20万元，之后通过检查评估进行再投入。（以上数据来自百度）

（二）青少年体育俱乐部开展的意义

研究青少年体育俱乐部创办的意义，可以理解青少年体育俱乐部社会定位的合理性和必要性。我国青少年体育俱乐部是在国有、国办体育事业的基础上起步的，走的是政府扶持发展道路。在我国青少年体育俱乐部发展的土壤还不肥沃之时，国家指导创建青少年体育俱乐部是一项利国利民的决策，其意义十分深远。研究青少年体育俱乐部创办的意义，可以理解青少年体育俱乐部社会定位的合理性和必要性。

1. 创办青少年体育俱乐部是贯彻全民健身计划的新形式

为了更广泛地开展群众体育活动，增强人民体质，推动我国社会主义现代化建设事业的发展，1995年6月我国颁布推行了《全民健身计划纲要》，纲要中指出：全民健身计划以全国人民为实施对象，以青少年和儿童为重点；充分发挥各群众组织和社会团体在开展群众性体育活动中的重要作用，建立健全行业、系统体育协会和其他群众体育组织，逐步形成社会化的全民健身组织网络；鼓励企事业单位、社会团体、个人资助体育健身活动。提倡家庭和个人为体育健身投资，引导群众进行体育消费，拓宽体育消费领域，开发适应我国群众消费水平的体育健身、康复娱乐等市场。青少年体育俱乐部的创办就是全民健身计划实施过程中的一个具体方案措施，针对性强，它很好地贯彻了以青少年为重点的全民健身计划的方针政策。

2. 青少年体育俱乐部的创办体现了素质教育思想

《中共中央、国务院关于深化教育改革　全面推进素质教育的决定》中强调指出：“健康的体魄是青少年为祖国和为人民服务的基本前提，是中华民族旺盛生命力的体现。”而青少年体育俱乐部为青少年提供体育活动场所，吸引青少年走进体育场馆，组织青少年参加体育活动，必将增进青少年的身心健康，提高青少年运动技术水平和社会适应能力。从调查结果看，大多数青少年体育俱乐部也认为组织开展体育活动对丰富文化生活，满足青少年娱乐需求，提高青少年的心理、身体的素质、社会交往能力和运动技术水平，培养竞技体育后备人才很重要。

3. 青少年体育俱乐部的创办能为“减负”后的学生提供健康的活动场所

中小学生“减负”后大多数学生不是成为电视迷，就是涌进了游戏厅或网吧，面对此情此景，许多家长忧心忡忡。如何丰富学生业余生活，积极引导学生养成健康的生活方式，成为社会、学校、家庭关注的问题。虽经过各方努力，但效果还是不尽如人意，家长无奈，学校失灵，不得不寻求其他途径和解决办法。生命在于运动，在运动中增进健康和追求快乐已经成为许多家长和学校的共识，他们希望自己的孩子和学生到运动场馆去参加体育活动，可苦于没有理想的活动场所，这种愿望难以实现。可以说青少年体育俱乐部的创办符合了人们的这种需要，为“减负”后的学生提供了理想的体育活动场所，在某种程度上对青少年形成良好的、健康的、文明的生活方式有积极影响。根据调查统计数据，87%的青少年体育俱乐部认为开展体育活动对丰富青少年文化生活、满足青少年娱乐需求是重要的。

二 青少年体育俱乐部的发展现状

青少年体育俱乐部在国外发展较早，且日趋成熟，而我国起步较晚。

（一）国外青少年体育俱乐部的发展现状

1. 美国

在美国，青少年体育活动涉及各种各样的运动项目，各种机构为青少年提供系统的训练与竞赛。青少年体育活动分为六类：机构赞助体育活动、国家青少年服务机构的体育活动、俱乐部体育、休闲体育、校内体育和校际间体育。其中前四类是以社区为基础的体育活动，后两类则是学校体育活动。

2. 英国

英国青少年体育俱乐部在建设与发展过程中的主要经验：首先，英国青少年体育俱乐部作为非营利性组织采用的是独立法人的实体化运作形式，这种运作形式能够在青少年体育服务领域形成一种“大社会，小政府”的组织支撑结构，从而确保青少年体育俱乐部能够按照市场规律和社会组织的发展规律自主开展日常的经营工作和管理工作，确保俱乐部的可持续发展能力。其次，英国青少年体育俱乐部非常重视整体品牌营销工作，早在2004年就通过“体育俱乐部标准化认证行动”，力争在青少年体育服务领域打造具有影响力和社会服务效力的青少年体育俱乐部品牌。这对英国青少年体育俱乐部的发展和英国青少年体育事业的发展均产生了积极的推动作用。

3. 日本

日本经过50余年的发展，体育少年团现已遍布全国，拥有固定的会员和指导者群体，建立了系统的管理体系，有稳定的活动内容和活动形式。不断提高自我生存能力、注重发展的规划性、注重管理的规范性、注重指导者培训、注重体育活动的教育性、成立专门管理机构是日本体育少年团能扎根于日本社会的成功经验。虽然中日两国的基本国情不同，青少年体育俱乐部所面临的问题也不同，但是却可以从日本青少年体育俱乐部的发展经验中提炼出一些规律性认识。这对处于起步阶段的我国青少年体育俱乐部具有借鉴意义。

（三）国内青少年体育俱乐部的发展现状

2016年9月5日，国家体育总局印发的《青少年体育“十三五”规划》指出，加强青少年体育工作、完善青少年体育公共服务、强化青少年竞技体育后备人才培养，对于落实全民健身、建设体育强国、实现健康中国等具有重要的实践指导意义。青少年体育俱乐部是由政府体育部门根据高等学校、大中型体育活动场所、体育社会组织单位申报批准成立的体育组织。

少年强则国强，少年弱则国弱，青少年是国家发展的未来，在国家实施人才强国战略的背景下，青少年体育俱乐部的发展决定着未来人才培养的质量。国家将体育产业上升到战略层面，加速了体育协会实体化和运动项目的产业化发展，尽管我国体育产业取得了突飞猛进的发展，但青少年体育俱乐部作为体育产业的重要组成部分仍面临着管理主体混乱、发展缺乏活力、运行经费不足、管理水平不高等问题。

三 青少年体育俱乐部的特征

青少年体育俱乐部尚属新生事物，在我国初创于21世纪初期，自创建以来，青少年体育俱乐部在组织开展青少年日常体育锻炼活动、创办夏令营、体育文化交流和青少年特长训练等诸多方面发挥了重要作用，取得了显著的成效。

青少年体育俱乐部是为满足青少年体育活动需求，在国家体育总局倡导下，利用体育彩票公益金，依托现有学校、体校、体育场馆、社区和基层单项运动协会创建的，具有社会主义公益性特征，是今后国家倡导并引导发展的旨在广泛开展青少年日常体育活动的社会组织。其具体意义在于：在体育彩票公益金的扶持和推动下，培养青少年体育兴趣、爱好和终身进行体育锻炼的习惯，增强青少年体质，并向其传授体育运动技能，培养体育运动爱好，激发其参与体育活动的热情，进而发现和培养体育人才。

青少年体育俱乐部具体属于哪种组织的定论，国家体育总局也没有做出明确的规定，目前对于其理解只能是：具有社会公益性和非营利性特征的、体育类民办非企业单位。2007年国家体育总局在《关于申报2008年国家级青少年体育俱乐部的通知》中，提出青少年俱乐部到“民政部门完成民办非企业单位登记注册”和“青少年体育俱乐部章程、章程格式和内容必须符合《民办非企业单位登记管理暂行条例》第三章第十条要求”的规定，进一步明确了我国青少年体育俱乐部是民办非企业单位的性质。

从理论上讲，青少年体育俱乐部属于民办非企业单位的一种类型。其中丰富的培训内容、积极的竞赛交流以及各种各样的体育活动形式对俱乐部的发展起到积极的推动作用。其开展的服务项目主要有：运动技术指导、组织各种体育比赛、体育考试辅导；个别的俱乐部还开设了健康咨询和体质监测等服务内容。总之，在社会主义市场经济背景下，我国青少年体育俱乐部不应只具有公益性，还应该具有一定的经营性。公益性是前提，是最终目的，而青少年体育俱乐部开展的各种经营性活动，则是实现公益性的必要手段。

创建青少年体育俱乐部的初衷是为了给广大青少年提供一个满足个性体育需求的公益性平台，但由于人们生活水平的局限以及资源的有限性，使得广大青少年的体育需求远远无法满足。学校体育虽然作为义务教育的有机组成部分，却同样难以满足青少年的个性体育需求，而政府以公益性来定位青少年体育俱乐部，并以此来满足他们的个性体育需求，无疑是学校体育的延伸和补充。

依据非营利组织基本类型的概念解析与主要特征，有学者认为青少年体育俱乐部兼具社会团体与民办非企业单位的部分特征，但又不能完全归属于其中的任何一种类型，青少年体育俱乐部是一种特殊的非营利性组织，其基本属性为官民两重性、非营利性、组织性、公益性和志愿性。

（一）非营利性机构的特征

1. 非营利性

非营利性是区别于企业的根本属性。非营利性组织的宗旨不是为了获取利润，而是为了实现整个社会或者一定范围内的公共利益。非营利性组织可以开展一定形式的经营业务，但其经营收入都不能作为利润在成员之间进行分配，只能用于组织所开展的各种社会活动及自身发展。即使非营利性组织解散或破产，它们的剩余资产也不能像企业那样在成员之间分配，而只能转交给其他公共部门。

2. 志愿公益性或互益性

在非营利性组织的活动和管理中均有显著的志愿者参与成分。志愿者是志愿精神的直接体现，表现为追求一定价值观并无偿地参加各种社会公益或互益性活动，为活动无偿提供货币、人力或其他资源。非营利性组织再把志愿者所提供的资源，转化成公共物品。

3. 非政府性

这是区别于政府组织的根本属性。非营利性组织是相互独立的自治组织，每一个非营利性组织都有独立自主的判断、决策和行为的机制与能力。非营利性组织不能动用政府力量，只能采取各种竞争手段来发展自己，并向社会提供必要的公共物品。

（二）组织机构的特征

1. 官民二重性

除政府机关事业单位外，各种社会团体和民间组织中，有些组织有经济来源渠道，或者通过收取会费的形式，能够解决工作人员的工资福利问题，其业务不以营利为目的，这类组织方式具有官民二重性。

政府必然与一切社会组织发生联系，完全与政府无关的社会组织是不存在的，这一点上非营利性组织也不例外。政府对非营利性组织的管理，实行“双重管理体制”。国家对本国社团的管理一般实行注册制、登记制管理，社团只要符合政府规定的关于组织资产、会员数量、发展规模等一系列标准，就可以到相应的政府部门注册，经审查即获得合法地位，此后非营利性组织的一系列活动由本组织自行负责，出现问题则视情况提交司法部门解决。我国社团的成立指标一般包括组织资产、会员数量及构成、固定办公机构、明确的组织章程、具体的行为法人等。

除了上述几项标准外，还必须找到一个政府部门作为本组织的“业务主管单位”，彼此之间是业务指导、负责的关系。民政部于1998年10月25日颁布并实施的《社会团体登记管理条例》中明确规定了民政部门与业务主管部门对于非营利性组织的双重领导：一方面，民政部负责社团的登记工作；另一方面，业务主管单位，即政府部门负责对社团日常活动的指导、监督。

2. 青少年体育俱乐部与依托单位的区别

青少年体育俱乐部是在依托体育事业单位现有的人力、物力和财力基础上创办和发展起来的，因此，它与依托单位有着千丝万缕的联系。通过访问了解到，不少青少年体育俱乐部常常是“两块牌子，一套人马”。青少年体育俱乐部虽然与依托单位关系十分密切，但青少年体育俱乐部的定位与依托单位还是存在区别的，这种差异主要体现在：一是青少年体育俱乐部具有独立的法人地位和组织机构；二是青少年体育俱乐部有自己的历史使命，承担着一定的社会任务；三是对于青少年体育俱乐部开展的体育活动，国家体育总局提出了具体要求。国家体育总局对属于民办非企业性质的青少年体育俱乐部要求按照国务院颁布的《民办非企业单位登记管理暂行条例》的规定进行注册登记，取得法人资格，并自觉接受登记管理机关的监督检查。这表明青少年体育俱乐部虽然是依托体育事业单位创办的，但在发展过程中也应有自己独立的组织机构。调查显示，71% 的青少年体育俱乐部认为青少年体育俱乐部应有独立的组织机构。另外，从青少年体育俱乐部的任务和开展活动要求两方面来看，青少年体育俱乐部与其依托单位是有区别的。国家体育总局群体司司长郭敏还特别强调：青少年体育俱乐部与各级各类型体校和职业青少年体育俱乐部有着本质的区别。青少年体育俱乐部主要是培养学生的体育兴趣，传授体育的知识、技术，让学生养成终身进行体育锻炼的习惯。从培养体育人才角度看，兴趣的培养非常重要，有了兴趣，进行体育锻炼时，冬练三九不怕冷，夏练三伏不怕热。青少年体育俱乐部应把培养学生体育兴趣作为一项重要工作来抓，不仅要培养一般的兴趣，而且要通过各式各样的活动，培养学生对体育的浓厚兴趣，因为有了浓厚兴趣，才能有志趣，才能真正献身于体育事业。

（三）青少年体育俱乐部管理的服务型特征

服务的概念是不以实物形式而以提供劳务活动的形式满足他人某种需要的活动。青少年体育俱乐部的服务特性如下。

1. 不可分离性

不可分离性是说在青少年体育俱乐部管理的服务过程中，服务的生产和消费过程是一起发生的，两者在时间和空间上不可分割。通常情况下，消费者是全程以参与者的身份参与生产过程的，这就使得消费的主体和客体之间互动非常容易，与此同时也会潜在地影响整个服务过程的质量体验。

2. 无形性

作为服务性行业，其产品往往是无形的。一方面服务的无形性是指其与有形产品相比，在空间形态上不可触碰也无法感知，故存在一定意义上的无形性；另一方面是指其提供的服务在短时间内或许看不到实际的实用价值和成果，往往具有延迟满足的特性。

3. 不可储存性

不可储存性是指这种服务没办法通过交通媒介进行运输和储存。

4. 异质性

异质性是指在提供服务过程中，由于人类个性的存在，使得其心理过程的复杂性和多变性难以保持服务的品质，加之消费者极易受本身的知识、经验和外界环境的影响，也在不同层面上影响着服务行业的质量和效果。

第二节　青少年体育俱乐部的经营与管理

一　青少年体育俱乐部的经营

（一）青少年体育俱乐部开展活动的要求

青少年体育俱乐部的主要任务是培养学生的体育兴趣，传授体育知识、技术、让学生养成终身体育锻炼的习惯。我国国家体育总局明确指出，当前青少年体育工作的主要内容有三个：一是学校体育；二是以体校为龙头的业余训练；三是以青少年体育俱乐部为主要形式的校外体育活动。其中青少年体育俱乐部开展的活动最为重要。以下是青少年体育俱乐部开展活动的4点要求。

（1）俱乐部对周边学校及青少年学生，以团体会员和个人会员制开展活动，保证个人会员每周能在俱乐部接受有指导的体育活动2～3次，每次活动时间不少于1小时。保证团体会员每年能在俱乐部组织集体体育活动，一般不少于2次。

（2）俱乐部在寒暑假、节假日和双休日期间，积极组织青少年体育夏（冬）令营及各种体育培训、竞赛、交流活动等，吸引周边地区的青少年学生参加体育活动。

（3）俱乐部组织青少年体育活动规模一般不少于1000人，每年活动不少于20万人次。

（4）俱乐部可辐射周边地区有条件的学校，建立活动网点，开展青少年体育活动。

凡被审定为创办俱乐部的试点单位，统一挂“国家青少年体育俱乐部试点单位——中国体育彩票资助”的牌匾；所资助的体育器材、服装统一标志“中国体育彩票捐赠”。

（二）青少年体育俱乐部运行机制

青少年体育俱乐部的运行机制包括动力机制、融资机制、信息沟通机制、资源保障机制和监管机制这五个既相互独立又相互联系的机制。

1. 青少年体育俱乐部的动力机制

动力机制是组织存在的前提和落脚点。青少年体育俱乐部的动力机制来自于两个方面：一是外源性动力，二是内生性动力。政府职能改革及社会组织功能的放大是外源性动力的基础；而政府大力鼓励青少年体育俱乐部的创建，并通过经济、政治等手段尽可能地提供后续发展条件，前者如扶持基金，后者如依托单位的挂靠政策，以及主管部门在各方面的管理办法，构成了青少年体育俱乐部成长的平台。同时，国家鼓励兴办青少年体育俱乐部并使其过渡到民间运营。俱乐部内部生存发展的需要则是其内生性动力的基本内容。

2. 青少年体育俱乐部的融资机制

广义上的融资是指货币资金的融通，狭义上的融资则是指一个企业的资金筹集的行为与过程。对于青少年体育俱乐部来说，虽然其组织性质与企业存在根本区别，但作为一种社会组织，其组织活动的有效开展同样需要有相应的活动资金作为保证。尽管国家体育总局的相关文件规定，国家、省（区、市）、地（市）三级体育行政部门要利用体育彩票、基层单位公积金，对所在区域的基层单位创办的青少年体育俱乐部进行资金上的扶持，但国家体育总局又提出，要在两年以后，俱乐部通过适当收取活动培训成本费，并不断在社会上建立良好的声誉，以此来增加资金，最终实现自我生存与运营发展的目标。客观来看，目前相当多的青少年体育俱乐部存在“等、靠、要”的思想，自身造血能力不足，在扶持资金两年到期后，多数俱乐部要么勉强维持，要么名存实亡。显然，能否进行有效的资金筹集并建立良好的融资机制，从而保证俱乐部组织基金的供应，是俱乐部两年之后能否独立运营的关键。

3. 青少年体育俱乐部的信息沟通机制

良好的信息沟通机制是组织生存和发展的必备条件，它体现了组织与其环境的关系和互动。从组织理论的角度来看，组织依赖环境而存活；与环境互动才能发展，孤立自己只会死亡。因此，良好的信息沟通机制是青少年体育俱乐部生存的前提。

4. 青少年体育俱乐部的资源保障机制

任何组织活动的顺利开展都必须以一定的资源条件作为保障，而具备良好的资源保障机制，则能够进一步有效地促进组织的运转。俱乐部内部必需的工作人员、注册资产、场地设施等为俱乐部正常运行提供了资源和条件。对于青少年体育俱乐部而言，必要的注册资产、工作人员及场地设施等是俱乐部正常运行的前提和条件，是青少年体育俱乐部保障机制的主要组成部分。

5. 青少年体育俱乐部的监管机制

青少年体育俱乐部的监管机制主要包括俱乐部的自我约束、同行监管以及外力监督，即自律、互律和他律三方面。其中自律机制是青少年体育俱乐部遵守行业规则和规范的根本，他律要通过自律才会起作用；行业互律则是自律和他律的必要补充。只有三种监管机制共同作用，才能有效地发挥监督合力，从而确保青少年体育俱乐部规范运作，最终实现其公益性的组织目标。

二 青少年体育俱乐部的管理

青少年体育俱乐部的管理包括资源的管理和规章制度的制订与实施。对一个组织而言，其所拥有的资源大致有四种类型：资金资源、人力资源、信息资源和实体设备资源。

1. 资金资源管理

作为非营利性的青少年体育俱乐部，为实现组织目标，完成使命，筹集资金是其运营过程中必不可少的一项重要工作。因此资金资源管理的主要任务是资金筹集。但青少年体育俱乐部筹集资金的能力普遍比较差，他们经常面临资金短缺的问题。资金的筹集可以从以下方面着手。

（1）尽量争取公益赞助资金与体育彩票捐赠的公益金。

（2）争取单位资金的投入。

（3）扩大会费与门票的收入。

（4）增加附加服务性收入。

（5）扩大与营利组织联盟的收入。

（6）间接的免税收入。

2. 人力资源管理

人力资源是指能够推动青少年体育俱乐部运营和发展的具有智力劳动和体力劳动能力的人口总和。从人力资源的两方面属性来看，人力资源的质量比人力资源的数量更为重要。所以人力资源的管理重在提升人力资源的质量。而建立完善且科学的评估体系是提升人力资源质量的重要一环。

有学者针对人力资源俱乐部管理指出，绩效评估指标单一、内容缺失；评估结果利用价值小；评估体系制定缺乏参与、沟通；评估的动力机制单一；易形成重结果、不重过程的管理方式。我国青少年体育俱乐部可借鉴国外体育发达国家俱乐部人力资源管理的最新研究成果——绩效管理，在此基础上提出有针对性的对策，即在我国职业体育俱乐部人力资源管理中建立完善的绩效管理体系。

3. 信息资源管理

青少年体育俱乐部经营的基础在管理，重心在经营，经营的核心在决策。决策的正确与否是关系到俱乐部生存和发展的大事，而决策的正确性是建立在准确预测的基础之上，准确的预测又是建立在及时把握信息的基础之上，所以说控制信息就是控制俱乐部的命运，失去信息就可能失去一切。青少年体育俱乐部在运营过程中，经常有许多信息需求，这些信息需求主要包括对有关政策法规信息的需求、对上级主管部门监督和管理信息的需求、对青少年群体信息的需求、对其他资源信息的需求。因此，青少年体育俱乐部的信息资源管理是及时获取这些信息，为领导决策服务。

4. 实体设备资源的管理

青少年体育俱乐部是实体型体育服务组织，不是运作型组织，需要有自己所有的或长期租用的场地、设施。但青少年体育俱乐部是依托体育事业单位创办的，所以大部分青少年体育俱乐部没有自己的场地、设施。在场地和设施不足的情况下，许多青少年体育俱乐部把目光投向了依托单位、学校、社区和企业。依托单位、学校、社区和企业拥有丰富的体育场地设施资源，青少年体育俱乐部采取租用或合作方式，可以弥补青少年体育俱乐部这方面的不足。另外，除了租用和合作方式解决场地、设施不足外，青少年体育俱乐部也可以因地制宜自力更生，充分利用自然环境条件，发挥各自的优势，科学地设计和建设场地，改善设施条件。

三 青少年体育俱乐部的核心服务内容

青少年体育俱乐部的核心服务内容主要是指与体育活动直接相关的一些服务项目，具体内容如下：

(1) 为青少年提供体育活动场地和设施。
(2) 开展各种体育赛事。
(3) 举办体育运动训练营。
(4) 开办专项短训班。
(5) 开办运动技术水平提高班。
(6) 举办健身健美训练中心。
(7) 体育旅游。

思考题

1. 青少年体育俱乐部的基本特征是什么?
2. 简述青少年体育俱乐部对学校体育的影响。
3. 青少年体育俱乐部管理的内容是什么?
4. 青少年体育俱乐部的核心服务内容有哪些?

下　篇

第四章

体育场馆

本章导读

本章从体育场馆的发展历史、存在的问题以及解决办法等方面进行阐述。通过本章的学习，提高学生参与体育场馆社会服务意识，实现场馆高效使用，使其发挥服务社会等方面的作用。

教学目标

- 了解体育场馆的基本要素及属性
- 学习体育场馆的经营管理模式
- 探讨国内外体育场馆经营与管理的发展方向

学习内容

- 体育场馆的发展历程
- 国内高校体育场馆的经营管理模式

第一节 体育场馆概述

一 体育场馆的概念

体育场馆是进行运动训练、运动竞赛及身体锻炼的专业性场所，是为了满足运动训练、运动竞赛及大众体育消费需要而专门修建的各类运动场所的总称。体育场馆设施是指为保障体育运动而建设的各种体育场、馆、池、训练基地的总称。

体育场馆运营是指对大中型体育场馆在建设、投入使用、提供服务过程中计划、组织、实施和控制过程的总称。在市场经济背景下，体育场馆利用价格机制配置各类资源，在等价交换的原则下向市场提供运动场地、体育运动设施以及服务等有形和无形产品，以弥补体育场馆持续运作资金的不足。

二 体育场馆的基本要素

体育场馆的基本要素包括人、财、物、体育产品和外部环境五个方面要素。

（一）人

人包括负责人和一般工作人员，体育场馆主管部门负责人是场馆经营主体。

（二）财

财指经费，是体育场馆经营管理的必要条件，没有稳定的资金供应和保障，任何经营管理活动都无从开展。体育场馆经营资金的来源渠道十分多样化，可以是政府财政，也可以是社会资本。

（三）物

物是指体育场馆实物资源，如器材、场地、配套设施等。

（四）体育产品

体育产品主要指各类体育场馆服务，例如体育项目、体育精神产品等，是体育场馆经营过程中提供的主要服务内容。

（五）外部环境

体育场馆外部环境主要分为直接环境和间接环境两种。前者是指体育市场竞争对手、消费者、行业政策和法律法规定等；后者是指政治环境、文化环境、经济环境和技术环境等。

三 体育场馆的基本属性

体育场馆的基本属性分为产业属性、服务产品属性，以及社会公益性和市场经营性三种属性。

（一）产业属性

体育场馆的产业属性是由它在国民经济和社会发展中的地位与作用决定的。在1985年制定的三次产业划分标准中，体育产业被置于第三产业的第四层次，构成卫生、体育和社会福利业，体育产业没有次级分类，对体育的描述是“包括组织和举办的各种室内外体育活动以及对进行这些活动的场所和设施的管理”。在为数不多的文字中阐明了体育场馆的产业地位，但并没有引起体育管理部门和理论研究工作者的足够重视。

2003年，国家统计局制定了新的三次产业分类标准，体育产业在新的《国民经济行业分类》（GB/T 4754—2002）大类中独立存在，地位得到明显提升。《国民经济行业分类》还对体育产业小类所包括的各种产品生产或劳务（服务）活动的范围进行了详细的说明和解释；对体育场馆所包含的产业内容也作了规定，包括体育系统内部的管理活动和对外经营管理活动（不包括投资建设活动）。体育场馆成为衡量我国体育产业发展水平的一个重要指标，为我国体育场馆今后的发展定位和服务方向提供了政策依据。

（二）服务产品属性

作为体育产业的主体产业，体育场馆的服务产品属性表现在以下几个方面。

1. 体育场馆的经营管理活动是一种无形的消费品

尽管在这种活动过程中，部分要素是有形的，如体育场馆设施、器材等（不包括建设），但它们只是实施体育消费过程所依靠的工具，离开了体育的消费过程，这些有形的物质要素并没有实际意义。消费者的消费过程并不具有长度、重量、空间体积等实物形态，就像酒店服务、旅游服务的消费过程一样，并没有出现物质产品所有权的转移，因此体育场馆的服务产品是一种无形产品。

2. 生产过程、交换过程与消费过程同时发生

区别物质产品和服务产品的主要依据是时间与空间是否分离。物质产品的生产、交换和消费在时间和空间上一般是分开的，而服务产品的生产、交换和消费是在同一时间、同一地点进行的。消费者在体育场馆上的消费过程就是观赏体育表演、参与体育健身娱乐活动，这种双边活动一旦结束，体育场馆的功能作用也就消失了。

3. 质量的不确定性

体育场馆自身条件和体育消费过程存在着质量的不确定性。由于受到场地大小、场地设备、管理能力、服务水平、天气状况、竞技水平和对抗程度等因素的影响，体育消费者在观赏体育表演、参与体育健身娱乐活动的过程中，身体的机能水平和心理活动能力得到良好发展或受到负面制约，服务质量存在着不确定性。

（三）社会公益性和市场经营性

体育场馆的公益性主要体现在两个方面。一是绝大多数体育场馆是国家利用公共土地资源、使用社会纳税人的钱建设起来的，国家有义务、有责任保障社会纳税人的基本权益。二是体育场馆的服务内容必须适应我国建设小康社会、和谐社会的客观要求。国家促进社会平等、保护国家的根本利益、建立社会保障体系、低价甚至免费向相关弱势群体提供相应的服务，是改善和提高人民大众整体利益和基本福

利的社会职能的一种体现。例如国家“奥运争光”计划、国防体育、学校体育、公共场所简易体育设施、残疾人体育等以服务国家整体利益为取向的服务内容。体育场馆的服务活动应该体现公益性。

肯定体育场馆服务产品的公益性，并不否定它的市场经营性。第一，体育场馆作为体育产业的主体产业，国家在向体育场馆投入人力、财力、物力以后不是什么也没有生产，而是生产出体育服务产品。对于发展体育的公益部分，我们也要重视其投入与产出的社会效益和经济效益。第二，体育场馆走向市场化是其自身生存和发展的需要。在社会主义市场经济体制下，体育场馆作为城市服务资源，在由国家化、单位化走向社会化进程中，相应地要求市场在资源配置中发挥基础性作用，其服务产品的层次和质量必须满足社会各阶层日益增长的多元化、日常化和个性化的体育消费需求。“以体为主，多种经营”是提高我国体育场馆经营规模和经营效益的重要途径。第三，体育场馆产品属于准公共物品。社会生活中的经济物品分成三类：第一类是公共产品，不具有竞争性和排他性；第二类是私人物品，存在着竞争性和排他性；第三类是准公共产品，既有公共物品的特性，也有私人物品的特征。当以满足社会特定阶层或个人为需求的服务产品进入体育场馆，此时属于私人物品，具有鲜明的排他性和竞争性，体育场馆的经营活动和服务质量由市场进行评价。

四 体育场馆的经营与管理

1. 经营管理主体

体育场馆的经营管理主体是指参与体育场馆经营管理活动的场馆管理者、内部人员、专业服务人员、顾客。

2. 经营管理客体

体育场馆的经营管理客体是指场地、设施、产品等有形资产，以及体育场馆的声誉、品牌、商标、专利、技术秘诀等无形资产。

3. 经营管理环境

体育场馆的经营管理环境包括内环境和外环境两个方面。其中，内环境包括体育场馆的管理制度和文化等；外环境包括政治、经济、法律、自然资源、技术、行业发展、社会公众等方面的情况。

（一）体育场馆的运营

体育场馆的运营内容包括体育场馆的经营哲学和经营理念创新。具体体现在：行业选择，与竞技体育、群众体育及其他商业领域之间的配比关系；市场细分，目标市场选择和市场定位；构建总体发展战略、职能战略和业务战略。

（二）体育场馆的管理

1. 运营管理

体育场馆的运营管理，主要包括设施建设与维护、质量保证与控制、外包管理（供应链条管理）、服务流程分析。

2. 赛时管理

体育场馆的赛时管理主要包括设施设备及社会安全保障、赛事服务、外包、人群、应急、VIP管理等。

3. 财务管理

体育场馆的财务管理主要包括会计核算、资金管理、资本要求、审计管理等。

4. 营销管理

体育场馆的营销管理主要包括票务管理、客户管理、销售管理、市场研究等。

5. 人力资源管理

体育场馆的人力资源管理主要包括内部员工管理、外包人员管理、外聘专家管理。

（三）体育场馆的管理目标

体育场馆的管理目标是通过管理运营，在将各类场馆打造成为城市名片的同时，逐步使越来越多的场馆均不同程度地达到前期增值增效的初级目标；顺带完成所经营场馆后期产生的维修保养和扩建等一系列终极目标；在场馆经营税收等方面，均能享受政府及体育部门提供的优惠政策，最终使全民享受到更多的体育休闲空间和社会福利，进而增强全民体质；承接并承办好更多的国际和国内大型赛事、音乐会等活动，也包括商业活动、社团活动等。

第二节　体育场馆管理体制的发展和运营中存在的问题

一　体育场馆管理体制的发展

我国体育场馆管理体制的发展分为三个阶段，分别是计划经济时期（1949—1978年）、改革开放初期（1979—1991年）、市场经济转轨时期（1992年至今）。

（一）计划经济时期——管制型管理模式

中华人民共和国成立以后长期实施计划经济体制，自成立到改革开放前的三十多年时间里，中国的体育一直是在计划经济体制下运行并发展壮大的。在这一时期，我国体育场馆的管理是一种管制型模式。

1955年，中华全国总工会颁布的《关于开展体育运动暂行办法纲要》明确规定，在体育场馆的管理上，国家体委主管全国的体育工作，实行高度集中统一的计划管理体制。中央和国家体委制定指令性计划指标，各级体委不管是否适合自己的实际情况都必须遵照执行。体育场馆是各级体育行政部门下属的事业单位，由各级体育行政部门实行统一的、直接的行政领导和事业管理。这种管理体制有以下特点：

（1）片面强调集中统一，中央和国家体委制定指令性计划指标，层层下达，各地体委、各体育场馆不管是否适合自己的实际情况，都必须遵照执行。

（2）财政上，对有收入的体育场馆，根据其财务收支计划，确定上缴或补助财务数字。收支计划一经核定，其差额补助数字列入所属体委事业费预算。

（3）分配上存在体育场地吃国家的大锅饭，职工吃单位的大锅饭的现象。

（4）这种管理模式带来了许多问题，例如经费来源单一，仅由国家统一下拨；业务活动由体育行政部门下达，公共体育场馆长期不开放，功能比较单一，使用率低等。

（二）改革开放初期——逐步走向经营型管理模式

党的十一届三中全会以后，经济和社会的发展进入全新时期。良好的外部环境使得中国体育事业和体育场馆建设进入飞跃发展阶段。

1984年11月9日，国家体委在《贯彻中共中央〈关于进一步发展体育运动的通知〉的意见》中明确指出，体育场馆要逐步转变成企业、半企业性的单位。1985年中共中央在《关于进一步发展体育事业的通知》中明确指出："体育场馆要逐步实现企业化和半企业化经营"。伴随着我国经济体制的逐步改革，我国体育场馆的管理模式也由"管制型"逐步走向了"经营型"。

这种管理模式为体育场馆的资金来源由事业型的单一财政拨款向经营性的创收方向转变打下了基础。体育场馆以创收和减轻财政负担为主要目标，积极进行经营管理方面的改革。但此时的体育场馆并未完全走向经营型管理，事业单位管理模式仍占主导地位，国家虽采取一些手段和措施提高了体育场馆的使用率，但对体育场馆还是管得太严。体育场馆的事务都由政府体育行政部门操办和控制，造成体育场馆的政事不分、管办不分，场馆自身经营的自主性和独立性不能充分发挥。

（三）市场经济转轨时期——经营型管理模式

1992年邓小平同志的南方谈话和党的十四大召开，标志着我国社会主义市场经济体制的确立，体育场馆发展的经济环境发生了巨大的变化。

1995年，国家体委下发了《体育产业发展纲要》，提出了"以体为主、以体养体、以副助体、多种经营”的体育场馆经营与管理体制，以提高体育场馆自我补偿、自我更新的能力，使体育场馆由事业型向经营型转化，实行企业化管理。《体育产业发展纲要》的颁布实施标志着我国体育场馆正式由事业型向经营型的历史转变，体育场馆的经营与管理体制发生了巨大变化，开始了我国体育场馆事业单位企业化管理发展的新阶段。

目前，我国体育场馆的管理出现多模式并存的状态，并呈现出多元化管理制度创新发展的新局面。

二 体育场馆运营中存在的问题

前瞻产业研究院发布的《2013—2017年中国体育场馆行业运营模式与发展前景分析报告》分析认为，中国体育场馆运营中存在场馆功能单一，设施使用率不高；经营管理观念落后，营销手段缺乏创新等问题，这些问题制约着体育场馆盈利能力的提高。

（一）场馆功能单一，设施使用率不高

我国现有的体育场馆，特别是大型体育场馆，主要依据承办国际、国内大型比赛的要求而设计修建的，规模大、标准高，附属建筑面积大，举办大型活动时场馆资源利用率非常高。但是，这样的机会并不多。加上是封闭式管理，多以运动比赛和运动训练为主，面向社会公众的开放率较低，而且收费偏高。部分向社会开放的大型体育场馆得到有效利用的大多是只占比赛厅面积的30%的场地面积，而占比赛厅面积70%的座席区大多处于闲置状态。如果加上空间高度的利用效率，使用率就更低了。

（二）经营管理观念落后，营销手段缺乏创新

大型体育场馆经营者的经营管理理念是制定经营管理指导方针和确定经营方向的基础。目前我国多数大型体育场馆经营管理理念落后、营销手段简单陈旧，缺乏创新。某些大型体育场馆经营管理者仍然没有摆脱行政管理思想和方法的束缚，在经营中墨守成规，不愿意主动开创新项目、尝试新方法，管理方法落后，管理水平低下。有的经营者还没有树立营销意识，在经营中不善于主动地开拓市场，营销手段和策略缺乏新意，营销创新能力差。这些都直接影响到大型体育场馆的经营效果。

（三）投资结构单一，缺乏社会资金参与

目前，政府是体育场馆投资建设主体，所以大多体育场馆具有公用属性。通常来说，其项目投资金额巨大，投资回收期较长，资本的回报率较低，因而社会资本

一般并不愿意投这些大型的体育场馆。根据“中国全民体育事业发展调查课题组”公布的调查报告：当前我国已投入运营的体育场馆中，有75%属于国有性质，有12%为集体所有，有5%为个体投资运营，还有4.7%由外资投资运营，其他占2.4%。其中，集体所有的体育场馆中有不少有国有股份。从中可以看出，当前国内体育场馆投资主体十分单一，社会参与积极性不高。虽然近年来，国内也在开始尝试引入社会资本开展大型体育场馆建设，但由于政策法规、产权分割和利益协调等多方面的原因，使得效果并不理想。

（四）布局不尽合理，妨碍赛后经营开发

体育场馆是城市规划的重要组成要素。当前，国内大型体育场馆选址开始向郊外发展。该发展趋势虽然能够降低场馆建设成本，缓解城市土地资源供应压力，但是也有其不利影响。例如交通不便导致体育场馆利用效率偏低等。大型体育场馆除了举办各种体育赛事，还有一主要功能是服务社区民众，调查数据也表明体育场馆的消费者大多是其周围的社区居民。由于城郊人口密度较低，周边居民体育锻炼意识不强，加上其收入水平相对更低，因此会降低体育场馆市场需求。

（五）经营人才匮乏，人员超编现象突出

体育经营管理人才匮乏是制约我国大型体育场馆经营管理的重要因素之一。目前，我国大型体育场馆的从业人员大多知识结构单一，专业管理水平偏低，难以适应现代体育场馆运营需要。另一方面，国内体育场馆管理部门机构臃肿、人浮于事，管理效率严重偏低。此外，人员结构老龄化，阻碍了大型体育场馆经营管理的创新和改革。这严重影响了我国体育场馆经营管理水平的提高。

（六）维修资金匮乏，场馆后续发展乏力

近几年来，政府财政开始收紧对大型体育场馆的投资和拨款，一些体育场馆由于缺乏经费保障，设备老化破损情况十分严重。由于大型体育场馆维护和管理需要较大资金投入，即使经营效益较好的场馆也无法实现盈利。一些大型体育场馆由于缺乏经费保障，无法进行设施更新改造和升级，严重制约其服务质量提高。这些都严重阻碍了大型体育场馆的长远发展。

（七）缺乏优惠政策，场馆经营负担过重

一般来说，大型体育场馆具有明显的公共产品属性，因此需要国家政策大力支持。一些国家在金融、土地、税收等方面给体育场馆建设提供优惠支持和补贴；例如莫斯科市政府免除了市属体育设施的利润税和土地使用税，以此促进体育运动的

发展。但是，我国体育场馆建设还要承担各种税费，例如营业税、房产税、所得税、物业费、城市更新费、三通费、绿化费等，这类费用增加了大型体育场馆运营的经济负担，严重打击了社会资本投资的积极性。

第三节　国内大型体育场馆的经营管理模式、走出困境的办法及发展对策

一　大型体育场馆的经营管理模式

当前，政府部门是国内体育场馆建设投资主体，因此也掌握着这些场馆的所有权。20世纪80年代初期，政府一般都是直接参与管理这些大型体育场馆，但随着市场经济体制的不断健全和完善，一些体育场馆经营管理出现了诸多的弊端，严重影响了其综合利用效率。因此，政府部门开始重新反思体育场馆的经营管理体制，并开始进行改革。目前我国大型体育场馆主要有以下几种经营管理模式。

（一）事业单位经营管理模式

这种管理方式的前提是体育场馆的建设投资是以政府部门为主体，赛后交由政府相关体育行政部门进行管理经营，政府财政提供体育场馆日常维护和管理经费。大型体育场馆投资建设主体是政府，政府是其产权所有者，因此政府也负责其经营管理。随着我国体育事业的快速发展，体育场馆数量不断增长，政府财政逐渐难以支付日益高涨的体育场馆维护费用。因此，当前迫切需要对体育场馆的经营体制进行改革。

（二）改良型事业单位模式

这种管理方式仍然以政府部门为体育场馆建设投资的主体，同样经营管理权掌握在政府体育主管部门手中，但是不再是全额拨款，而是采用差额拨款方式，即政府负责部分场馆经费，剩余经费由运营部门自主筹集。当前国内不少城市的大型体育场馆都采用这种经营管理模式。此种模式保留了政府所有的体育场馆的事业单位性质，在保证政府部门对体育场馆绝对控制权的同时，也提高了体育场馆的经营自主权。这些体育场馆不再完全依赖政府财政，而是自主经营、自负盈亏，逐渐引入了市场竞争机制，大大提高了场馆经济效益。除了享受政府的差额拨款之外，这些体育场馆平时采用市场化运作模式，本身也能较好地实现盈利，甚至还能上交一定的税费，因此，这种经营模式得到大面积的推广和应用。

（三）承包型经营管理模式

这种经营管理模式的前提条件是政府出资建设体育场馆，政府是体育场馆权属人，但是政府部门不负责具体经营管理工作，而是通过公开招标将经营权交给第三方负责运营，承包方向政府支付一定的承包费用是一种市场化运作模式，由承包方自负盈亏。承包商承包体育场馆后，要遵守服务社会体育建设需要的经营规定，要在提供商业化体育服务项目的同时，为公共体育建设提供场地支持；可以采取有偿收费方式，但是收费标准要严格按照政府部门的定价标准实施。承包型经营管理模式可以帮助政府部门节省人力和物力，也可以提高体育场馆的利用效率。目前这种经营管理模式尚未普及开来。这种经营管理模式的主要优点有：体育场馆经营权和所有权相分离，有利于引入社会资金增加场馆运营经费，同时提高场馆经营管理水平。国内首都体育馆就采用了此种经营模式，要求每年完成350万元利润，利润按2∶3∶5的比例分配，即20%作为场馆本身发展基金，30%上交管理部门，50%由承包方自主分配。

（四）合作经营模式

合作经营模式有两种具体形式，一种是政府承担体育场馆的大部分投资资金，同时吸引其他社会投资者补充剩余建设资金，一般采取注册独立法人的方式来负责体育场馆后期运营管理事务。另一种是政府提供场馆建设用地，社会投资者提供资金，二者共同开发建设。这两种模式都充分利用了社会资金来开展体育场馆建设，可以有效解决政府财政资金不足的问题。另外，合作经营双方通过注册独立法人企业的形式共同运营、共享收益；体育场馆经营收益按照比例分成。这种运营模式可以共担风险、共享收益，有助于提高体育场馆的经营管理水平，加快健全和完善体育基础配套设施。政府部门作为体育场馆出资人，在重大经营管理决策中具有重要的话语权，从而保证体育场馆的建设和利用朝着国家政策方向发展。这是一种比较新的市场运行模式。目前，广州天河体育中心就采用了这种运营模式。天河体育中心占地面积1.5万平方米，建筑面积超过8万平方米，投资金额3.6亿元。其中广州市财政出资8000万元，体育彩票基金出资5000万元，其余资金通过引入社会投资解决。社会投资者可获得15年经营权作为回报，这样不仅可以减轻政府财政负担，还可以引入先进的体育场馆管理模式和经验，在提高体育场馆利用率的同时，也为加快我国体育事业发展创造了有利条件。

二 国内体育场馆走出困境的办法

我国体育场馆走出困境的解决办法主要有突破体制性障碍；服务重点突出，分类指导；以核心服务为主，规模经营；提高体育场馆的管理能力和经营水平；政府引导，市场推进五方面内容。

（一）突破体制性障碍

根据社会主义市场经济发展的必然要求和体育场馆公益性、市场经营性的发展方向，在管理体制、人事制度、政策扶持、经营模式、分配方式等方面加大改革的力度，正确处理目前体育场馆经营管理活动中公益性与市场经营性、社会效益和经济效益、结构性不足与有效利用等矛盾。明确发展目标，实现制度创新，以管理体制改革为切入点，以体育场馆经营为核心，以市场为导向进行资源配置，以集约化经济为经营内容，建立与社会主义市场经济体制相适应的管理体制和运行机制，推动政府由体育场馆的管理者、供给者向指导者、服务者的角色转变。

（二）服务重点突出，分类指导

根据不同类型体育场馆的功能特点和市场需求，坚持服务重点突出，分类指导，是促进我国体育场馆经营管理走出困境的重要途径。对于大型体育场馆，在完成其社会公益性服务任务的同时，兼顾市场经营活动，通过主动承担一些单位或团体组织的体育活动，利用自身优势，实行场地、器材、技术、劳务等方面的有偿服务，培育稳定的体育消费群体，逐步把其建设成为多功能的体育中心。对于中小型体育馆，应根据区域体育消费的特点和热点，通过土地转换、出售、合资经营、合作管理等方式，优化和整合体育场馆资源，实现区域化和集约化经营管理，最大限度地满足不同社区各种体育健身娱乐活动的需要。对于学校体育场馆，在不影响学校体育教学秩序的前提下，通过自营、联营、校外承包、租赁经营、个人分层承包经营等形式，有偿服务和加强管理相结合，坚持学校体育场馆对外开放。

（三）以核心服务为主，规模经营

体育场馆的服务有核心服务、支持服务和外包服务三种形态，其发展规模也取决于这三方面的内容。第一是核心服务，这是体育场馆业的主体，支撑其发展空间的是竞赛表演业和体育健身娱乐业，它们的需求越大，推动体育场馆业走向市场化的程度就越高，反之亦然。因此，“以体为主，多种经营”是体育场馆长期必须坚持的发展方向。第二是支持服务，它从属于核心服务，后者是自变量，前者是因变量。它的发展规模和市场化程度对体育场馆的规模经营不起决定作用。第三是外包服务。利用服务活动的泛化和独立化，推动服务业由“内在化”向“外在化”的演进，可以促进服务业的快速发展。目前国内外出现的委托经营、承包经营、租赁经营、冠名经营、BOT经营（建设—运营—移交）、BTO经营（建设—移交—运营）等均属于外包服务的种类，可以预测，外包服务在体育场馆业规模发展中的作用将越来越突出。当然，外包服务的成功取决于三个关键因素：一是外包服务的经营活动不能脱离核心服务的内容；二是外包服务必须以体育管理体制改革为前提；三是体育服务业服务活动泛化和独立化的程度。

（四）提高体育场馆的管理能力和经营水平

一是增加有效供给，增加差异化服务，以满足社会各阶层日益增长的多元化、日常化、个性化的体育消费需求。二是以市场为导向，针对不同社区、不同人群的体育消费需求，相应地设置服务项目和开发其他服务经营形式，合理配置体育场馆设施资源，实现区域性市场管理和整体性开发经营，促使场馆经济多元化发展，以取得最好的市场效益。三是瞄准国际体育重大比赛，抓住一切可能存在的商机。

2008年奥运会在中国北京举办，但却有20个代表团选择到日本进行赛前训练，为日本体育场馆的有效利用提供了很大的商机，这与日本长期对海内外体育场馆及其商业性经营取得的卓有成就密不可分，甚至中国澳门也有8个奥运会代表团进驻。相比之下，国内体育场馆的经营意识大为逊色，非常值得反思和借鉴。

（五）政府引导，市场推进

第一，加快体育场馆（特别是大型体育场馆）周边地区的城市配套建设，例如居民区、商业中心、公共交通等，利用“增量”促进体育消费需求的增加。第二，将体育场馆的经营管理纳入职业体育整体发展规划，利用“存量”提升体育场馆核心服务的发展空间。第三，逐步建立公平、竞争、开放、有序的市场环境，为外包服务进入体育场馆经营领域创造条件。第四，制定产业扶持政策，明确体育场馆经营者的责任、权利、义务和范畴，切实保护体育消费者的合法权益。第五，加强体育经营管理人才培养，提高我国体育场馆的管理能力和经营水平。

三 国内体育场馆发展对策

我国体育场馆发展对策主要有加强宣传，引导和提升群众的精神消费需要，同时，体育场馆建设功能应多样化、设施配套齐全，积极进行多种体育项目场地的开发，通过企业冠名的运营模式，筹集社会资金，加快推进体育场馆企业化步伐，建立现代企业制度以及充分挖掘体育场馆的商业潜力。编者结合国外的经验总结出六个方面的对策。

（一）加强宣传，引导和提升群众的精神消费需要

体育消费是持续消费，例如一个人学会打网球，他可能会打一辈子。一旦体育消费形成，那么有可能形成稳定而庞大的市场。场馆经营者应充分利用电视、广播、

报纸、杂志、板报、宣传画等多种媒体，进行多方位、多角度的宣传，强化群众的健身意识，在群众中树立起“花钱买健康”的观念，指导群众正确地消费，使市民认识到体育健身娱乐不仅是一种消费，也是一种人力投资。

（二）体育场馆建设功能应多样化，设施配套齐全

长期以来，大型体育场馆作为公益性体育设施，一直由国家出资建设。大型体育场馆设备老化、设施水平低、功能单一的情况，越来越难以适应日益增长的全民健身和文化娱乐的需要。解决这类问题，最好在项目规划可研阶段，充分考虑赛后的休闲、娱乐、健身等使用功能和对外经营需要，提高其利用率，协调竞技体育与社会体育并行发展问题，使之不仅用于比赛、训练，而且能向广大群众开放，充分发挥其社会效益、经济效益。假如在前期规划设计时不注意日后对外经营的需要，等竣工后再在单一功能的基础上谈如何走向多元化、如何拓展经营渠道，则为时已晚，那会大大降低大型体育场馆的自我发展与生存能力。业内人士曾提出改变空间结构的建议值得去采纳，即设计当中可以考虑装移动座席或升降幕布、活动隔断。可用移动座席扩大活动空间，消除单一比赛或训练所带来的结构方面的缺陷；也可依据参赛人数和各类项目，利用升降幕布或活动隔断将场馆分割成大小不同的场地，使建筑空间具有可变性、使用功能多样化，为赛后利用和市场运作创造良好条件。

（三）积极进行多种体育项目场地的开发

建立以人为本的俱乐部文化，多进行篮球、乒乓球、羽毛球、游泳等一些群众喜闻乐见的体育项目的场地开发，是体育场馆产业化的重点。这体现了以服务人民为本的经营思想。在这些体育项目中，可以采取成立俱乐部的方式培养和固定相应的运动娱乐群体。这样的俱乐部主要为运动参加者提供体育设施，并为保持和提高参加者的健康状况和体质水平开展运动指导工作。在经营俱乐部的过程中，可以努力使俱乐部内形成独特的俱乐部文化，争取让所有的会员在俱乐部内有一种荣誉感和归属感，使俱乐部成为每一个会员的心灵之家。俱乐部的经营理念应该是：以人为本，增进顾客的身心健康，并在顾客之间建立一种良好的人际关系，宣扬社会主义新风尚。

（四）通过企业冠名的运营模式，筹集社会资金

体育场馆的场地开发需要大量资金，但限于目前的条件，政府一时又不可能提供足够的财政支持。这就需要我们解放思想、开动脑筋、多想办法。在体育场馆运营的研究颇有建树的俄勒冈大学华沙体育产业中心教授丹尼斯·霍华德（Dennis Horward）指出，让企业冠名体育场馆是“体育场馆运营的良好途径之一”。企业对体育场馆的冠名权在美国真正被认识，并被广泛运用也不过是10余年的事情，但是

这一运营模式已经被认为是“非常有效的运营方式”。企业冠名体育场馆，自然需要交纳巨额赞助费用，这笔钱甚至可以成为新的体育场馆的“建设资金”的一部分，而依赖这笔资金确保体育场馆的日常运营也是非常现实的目的。当然，冠名企业从这样的合作中获得的利益也是非常可观的。目前，有在美国最受欢迎的四大职业体育项目，即NBA篮球、冰球、美式足球（橄榄球）和棒球的122个体育馆，有83个都已经采取了企业冠名的运营模式。

（五）加快推进体育场馆企业化步伐，建立现代企业制度

建立现代企业制度是社会主义市场经济的客观要求，是企业改革深入发展的必然结果。现代企业制度以“产权明晰、权责明确、政企分开、科学管理”为基本特征。建立现代企业制度，使体育场馆真正成为体育市场的主体，有压力、有活力、有动力，逐步做到自主经营、自我约束、自我发展，在经营内容和经营方式等方面实现现代化、国际化、特色化。同时要认识到，企业化并不仅指场馆建成后的企业化运营模式，还包括改变投资结构，通过市场手段多渠道筹资、融资。以项目法人招标等方式，甚至政府以其投资作为股份，吸引社会（国内、外）资金融资控股，这些都是体育产业市场化方式。如果建设大型体育场馆在可行性研究阶段就基本确定了产权多元化方向，则建设资金投入的单一化就可能被扭转。因此，鼓励内资，吸引外资，或许是今后大型体育场馆建设的发展方向。

（六）结合国外的经验，充分挖掘体育场馆的商业潜力

增加场馆的商业收入主要有3种方法。一是扩展休闲设施，如高级座位、包厢、餐厅、酒吧等。很多欧洲足球俱乐部的新赛场就是通过这种方式显著提高其比赛日的收入。比如在阿姆斯特丹Arena体育场举办的阿贾克斯足球赛，大约有50%的比赛日收入是通过商业对商业的方式得到的，而这些仅占场馆面积不到10%的设施，都是通过VIP和商业人士在高档餐饮、服务和座席的额外消费中得到的。二是最大限度地利用场馆建筑本身。场馆的平日通常是没有比赛的日子多于比赛日，在没有比赛的日子可以把场馆变成会议设施、零售商店、博物馆、康体中心、电影院等。当这些设施可以在比赛或非比赛日得到双重利用的时候，其额外的优势和作用就能够显现出来。三是在场馆内开展各种非体育活动，比如音乐会或公司活动等。但开展非体育活动，必须具备两个重要条件：当地必须有这种活动的广泛市场；场馆的设计必须具备举办非体育类活动的功能条件。

第四节　国内高校体育场馆的经营与管理

高校体育场馆是国有资产的重要组成部分，其主要作用是满足高校的体育教学需要。高校体育场馆是高校体育教学、训练和开展课外体育活动的重要物质条件和载体。随着我国人民群众健身活动的进一步开展，高校体育场馆正逐渐成为社区民众体育健身活动以及体育赛事活动的举办场所。高校体育场馆的综合开发利用状况的好坏不仅直接影响到高校体育教学改革的成效，而且也直接影响到“健康第一”的思想宗旨是否能够真正落实，也影响到群众居民体育健身活动是否可以深入持久地开展，影响到国有资产的保值增值。

随着我国高等教育和体育事业的蓬勃发展，以及市场经济体系的逐渐完善，高校大型体育场馆的管理和利用问题越来越引起人们的关注，对高校体育场馆的专业化管理和经营也提出了更高的要求。虽然高校体育场馆及其配套设施的投入和建设正进入一个快速发展的时期，但其在运营管理的过程中还存在很多问题，很多高校体育场馆只是为校内的师生提供体育训练和体育锻炼的服务，致使很多体育设施在很多时间段均处于闲置状态，造成了严重的资源浪费。如何进一步改革高校体育场馆的运营管理模式，促进体育资源的合理运用已经成为当前高校体育场馆在运用过程中面临的一个重要问题。在推动高校体育场馆市场化运营的进程中，要建立起完善的市场运营机制，加大对高校体育场馆的宣传力度，拓展体育场馆的市场经营范围，促进高校体育场馆的多元化经营，在保障校内师生有足够资源使用的前提下，充分利用闲置的体育场馆资源来进行市场化运作，进一步提升高校体育场馆的市场经济价值及社会服务价值。

一　目前高校体育场馆存在的问题

高校体育场馆主要存在运营管理水平不高、市场化经营水平低和有偿服务形式单一问题。

（一）运营管理水平不高

当前很多高校的体育场馆仅限于校内师生使用，这就使得很多体育场馆处于一个相对封闭的状态，很多社会上的比赛、活动等难以通过高校的体育资源来开展，造成了高校体育场馆资源的严重浪费。高校体育场馆运营现代化的管理水平目前还处于一个比较低的状态。造成这种现象的一个直接原因就是高水平专业运营管理人才的缺乏，很多高校的体育场馆往往是由学校的后勤处来进行管理，其管理的范围也仅仅只是局限于校内活动的开展以及一些日常的保洁维护工作，这在很大程度上制约了高校体育场馆运营水平的提升。

（二）市场化经营水平低

很多高校的体育场馆资源往往只在周末或者节假日时间才对外开放，在正常的工作日则只针对校内开放，这就导致了体育场馆资源在一定程度上的闲置与浪费。由于受到观念、体制等一系列影响因素的束缚，高校体育场馆在宣传和市场化运营等方面还存在着很大的不足，致使高校体育场馆资源的经济价值以及社会价值难以得到有效的发挥。

（三）有偿服务形式单一

目前很多高校体育馆在进行经营的过程中，并不是通过有效的宣传手段来主动地为社会提供服务，这在很大程度上使得高校体育场馆资源难以满足当前社会越来越人性化的服务要求。同时，很多高校的体育场馆资源的有偿服务形式目前仅仅局限于一些训练场地的出租，并没有延伸到社会上的一些大型会议、展览、文艺汇演等方面。综合开发利用能力不足是当前高校体育场馆运营过程中存在的一个突出的问题。

二 提升高校体育场馆运营管理水平的策略

提升高校体育场馆运营管理水平的策略主要有建立起现代化运营管理体系，加强高校体育场馆的宣传力度，大力拓展市场经营范围和促进高校体育场馆的多元化运营。

（一）建立起现代化运营管理体系

在提升高校体育场馆现代化运营管理水平的进程中，要建立起完善的现代化运营管理体系。可以从以下几个方面来开展：首先，要加强对现有的管理人员的培训，使其充分认识到当前体育场馆资源闲置造成的浪费及其所蕴含的巨大经济价值，改变传统的运营管理理念，通过定期开展相关的培训使管理人员掌握一些体育场馆现代化运营的专业理论和基本技能；其次，要进一步完善体育场馆市场化运营的制度建设，使得高校体育场馆管理工作能够做到各司其职、权责分明；最后，在管理人才的任用方面要坚持内部选拔与外部引进相结合的方式，通过完善的人才引入机制来进一步转变高校体育场馆的运营管理理念，提升其运营管理的水平。

（二）加强高校体育场馆的宣传力度

高校体育场馆在现代化运营的进程中要打破传统的观念和体制的束缚，充分利用媒体宣传来提升高校体育场馆的知名度以及影响力。在现代化运营的进程中，高校体育场馆管理人员要充分利用电视、网络、杂志、报纸以及其他的媒体来进行宣传，进一步拓宽高校体育场馆为社会服务的渠道，提升高校体育场馆的经济效益。

（三）大力拓展市场经营范围

在高校体育场馆现代化管理运营的进程中，要改变以往的有偿服务形式单一的局面，进一步拓展高校体育场馆的市场化经营范围。例如，除了进行社会化的体育培训外，高校体育场馆还可以与一些青少年培训机构建立起校外合作关系，作为活动培训的基地来进行市场化运作。同时，在保证校内师生有足够的体育场馆使用时间的前提下进一步拓展体育场馆的业务经营范围，充分与社会上的一些组织和机构进行合作，举办一些大型的会议、文艺汇演等，从而进一步提升高校体育场馆资源的使用效率，推进高校体育场馆市场化运营的发展。

（四）促进高校体育场馆的多元化运营

在高校体育场馆市场化运营过程中，可通过有效的宣传和管理来进一步促进体育场馆的多元化经营。比如，高校可以在全省甚至是全国范围内来引入一些体育赛事，通过体育赛事不仅可以提升高校体育场馆的知名度，同时还可以增加体育场馆的运营收入。此外，高校还可以充分利用体育场馆资源来开发其广告效益，诸如一些产品广告、赛事广告等，实现体育场馆商业价值的多元化开发。

思考题

1. 体育场馆的基本属性有哪些？
2. 国内体育场馆管理存在哪些主要问题？
3. 国内体育场馆发展对策有哪些？

附录：优秀运营范例介绍——啪啪运动

啪啪运动的定位是以服务运动场馆为核心。其致力于完善运动场馆的信息化技术，提升运动场馆的运营效率，有效增加营收，实现行业内资源共享互利，打造运动场馆生态联盟，实现互联网时代场馆运营新模式。

啪啪运动图

一、SaaS云端架构图

SaaS云端架构图

云端架构包含软件即服务、平台即服务、基础设施即服务三大方面内容，云管理层包含用户管理、监控系统、计费管理、安全管理、服务管理、资源管理等方面的内容。

二、运动场馆连锁、经营模式支撑

基于SaaS架构实现云端管理，无须特定电脑访问，系统切换升级简单便捷。

——连锁场馆整体呈现；

——整体商品、会员等系统配置；

——整体经营状况统计分析。

三、互联网+会员制、运营服务体系

支持微信卡、实体卡多种会员一卡通模式，让场馆无现金化运营成为现实。

——微信卡实体卡一体化；

——微信会员卡充值、订场、消费；

——消费查询提醒；

——微信卡包集成；

——无现金运营革命。

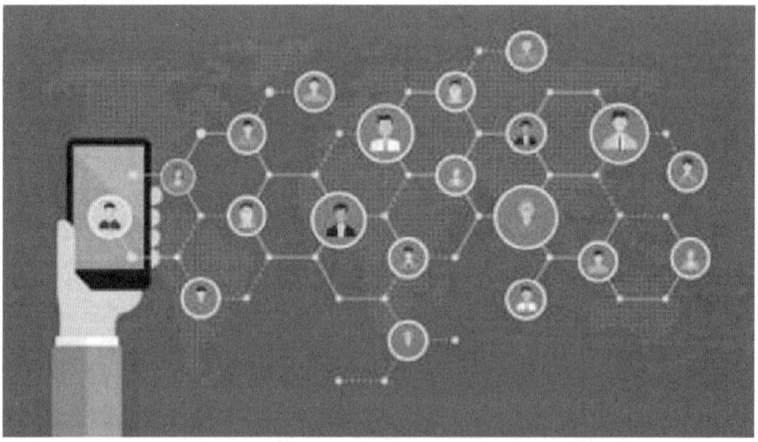

互联网+会员制相关图

四、智能商品进销存管理

直接打通供应链上下游订单管理体系，库存数据实时管控，减少场馆商品库存量。

——商品灵活定价促销；
——商品库存自动预警；
——智能生成采购订单；
——多场馆库存查询；
——商品库存盘点支持；
——连锁场馆无缝调拨。

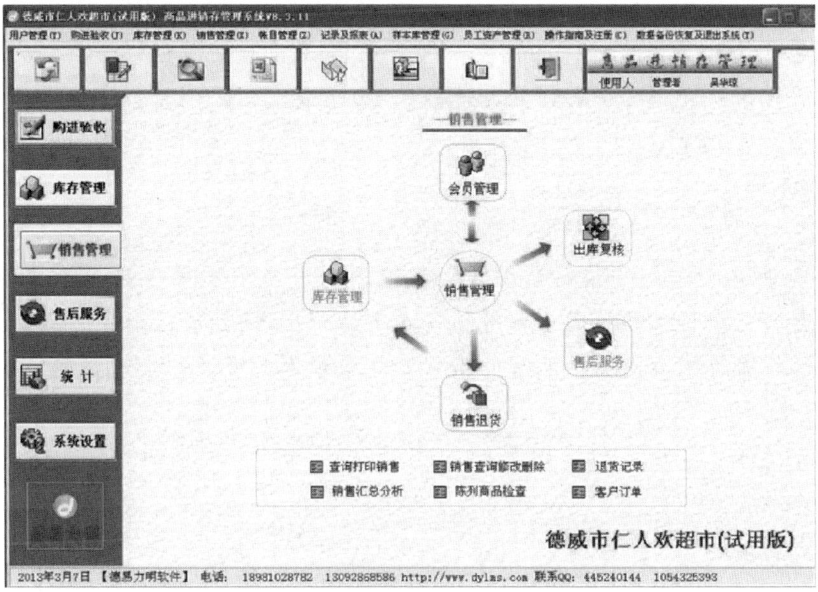

销售管理系统

五、移动远程、财务监管

把管理者从场馆数据分析中解放出来。
——全方位营业数据统计分析；
——营业结算微信自动推送日报；
——微信端清晰的营业收入分析。

六、智能化运动场馆设备连接

场馆管理更精准有效，提升更大运营空间。
—— 灯控和计费系统；
——闸机和散客管理；
——智能储物柜服务；
——智能监控识别系统。

七、球馆运营

2015年初啪啪运动的第一家自运营球馆——啪啪运动第一馆在深圳正式向球友开放。至今啪啪运动已经在深圳、上海、长沙拥有自运营球馆十余家，涉及篮球、羽毛球、乒乓球等多个运动项目。

这些球馆也成为“运动馆+系统”实施的首批试验田，使得打磨两年的系统一推向市场就获得众多合作伙伴的高度认可。同时，啪啪运动也诚邀各地兄弟球馆一起打造运动场馆联盟，实现场馆资源优势共享。

八、商品资源

凭借连锁运营模式，啪啪运动在运营球馆的过程中积累了诸多优质商品资源，涵盖运动商品、饮料、场馆周边商业等多类别。

啪啪运动随时愿意与场馆联盟的伙伴互相分享商品资源，实现共赢。

九、赛事运营

一站式赛事运营组织平台

十、培训联盟

培训场地选择旗下优质场馆；

联盟培训机构和丰富课程选择；

科学、全面、系统运动培训。

第五章

体育赛事的策划与推广

本章导读

本章从体育赛事的起源与推广开始，以体育赛事的优质案例来探讨组织策划、赛前组织、赛中管理、赛后总结、品牌有效运营与管理等。通过本章的学习，让学生掌握体育赛事的策划与推广知识。

教学目标

- 了解体育赛事的起源
- 学习体育赛事的推广技巧
- 探讨体育赛事组织与推广的技巧与方法

学习内容

- 体育赛事的起源
- 掌握体育赛事的推广技巧
- 了解体育赛事的发展现状

第一节　体育赛事概述

体育赛事概述从体育赛事的基本概念、体育赛事的起源、体育赛事的发展三个方面进行阐述，让读者对体育赛事有更深入的认识。

一　体育赛事的基本概念

体育赛事是以争取优胜为直接目的，以运动项目为内容，根据规则要求，进行个人或集体的体力、智力、技艺、心理的比赛。

二 体育赛事的起源

在人类社会发展的早期，生存环境十分恶劣，由于生产力发展的落后，迫使人类一切活动都必须以满足人类基本生存为目的。因此，在早期人类实践活动中，劳动就成为这一时期最主要，甚至是唯一的活动形式。同时，在劳动的过程中，为了争夺最有利的生存条件，包括生存环境、劳动成果、社会地位等，竞争与对抗就成了早期人类在恶劣的自然环境下生存和发展的必要手段。正是这种竞争和对抗意识的出现，为体育赛事的产生奠定了思想基础。从本能的攻击动作到防卫动作，一直到掌握最有效的使用武器的经验。史前人类在漫长的岁月中经历了充满无数艰难困苦的历程。此时，以传授生产、生活技能经验为主要目的的早期教育活动，同直接的生产劳动各自相对独立出来。于是，诸如短距离跑、跳跃、舞蹈和投掷运动的综合形式出现了。因此，有学者认为，如果要考察体育赛事的最早起源，至少可以追溯到原始社会。

此外，有民族人类学家研究发现，在人类赛事的形成和发展过程中，成年礼作为以竞赛为主要手段的教育组织活动形式对人类竞赛的起源和发展产生了重要影响。成年礼一个重要的环节或内容就是有选择地将青年平时的“游戏活动”整合起来，让所有参加成年礼的青年共同进行“游戏”，以检验其体能与技能。这种“组织化的游戏”就是人类早期的赛事。在人类早期的社会实践活动中，游戏和舞蹈也对赛事的起源和发展起到了重要的推动作用。为适应战争的需要，人们沿袭并完善了游戏和舞蹈，用于培养战士。一些战斗技能与满足战斗需要的体能练习，也日益专门化，不仅成了游戏和舞蹈的内容，同时也是检验氏族成员，特别是男性成员能力的内容。而游戏的最本质特征就是“比赛”，从这种以发展体能或技能为主要目标的“比赛”中，产生了最初的竞技运动和竞赛活动，经过许多社会仪式化活动的整合，形成了满足不同社会需求的“祭礼赛会”。竞技活动的动作虽然同劳动动作还有着外观形态方面的联系，但在本质上已经与劳动过程或战斗过程分离了。例如，射箭、划船、跑、跳、投掷、举重物、克服障碍等，即使本身就是一项劳动项目或内容，但却已完全变得抽象，仅仅作为一种培养身体素质的综合性的手段而存在。

同时，在竞技活动中，由于比赛的需要，由人所设计的动作内容和活动形式也更加丰富。由于竞技活动的竞争形式具有极大的娱乐性，竞技活动不断增加娱乐性质的内容，从而使竞技活动逐渐摆脱对现实生产或战争的模仿，走向相对独立的发展道路。“赛会”不是一般的游戏活动，而是“组织化的游戏”。由游戏到赛会，是社会整合的结果。人类主要是通过早期原始仪式活动，使游戏发展为赛会的。赛会的出现，标志着原始形态的体育的完善和赛事的形成。尽管这一时期的体育与今天意义上的体育还存在较大的差距，但现代体育的一般形式都可以从中找到自己的影子。

三 体育赛事的发展

现代体育竞赛在工业革命以后，其国际性特征日益明显，主要表现在19世纪60年代。现代体育已经在全球除非洲外的其他国家植根。现代体育竞赛所需的物质条件和技术支持也已经具备。同时现代竞赛随着世界经济的不断发展，以及投资手段的多元化趋势，竞赛的经济功能不断凸现，已经成为推动一个国家或地区经济发展的重要力量。尤其在欧洲和北美，逐渐形成了以竞赛表演为主的规模庞大的体育产业。在体育产业不断发展的过程中，出现了一大批以从事体育运动为职业的人群。这一现象不仅推动了体育竞赛的发展，也为竞赛的多元功能的发挥提供了良好载体。

商界奇才彼得·尤伯罗斯创造性地将奥运和商业紧密结合起来，并使1984年的洛杉矶奥运会成为“第一次赚钱的奥运会”，此后，奥运经济越来越成为众商家关注的焦点，“奥运营销”逐渐拉开序幕，奥运会成为各个企业争夺国际资源的必争之地。

耐克就获得了2016年里约奥运会“供应商”的赞助资格，为各个国家队提供运动装备。这是自2000年悉尼奥运会以来，耐克首次位列奥运会商家合作名单，合同从2012年开始生效，为期4年，据估计协议的价值在1.25亿～1.75亿美元。

安踏签约中国奥委会，作为中国奥委会合作伙伴的安踏提出了“让我们去打破”这一口号，并将其作为2016年里约奥运会传播主题，同时也为中国国家体操、蹦床、举重、摔跤、柔道、拳击、跆拳道、赛艇、皮划艇、水球等10支国家队提供奥运会比赛装备。

361° 独家提供了里约奥运会及残奥会官方制服，为包括技术官员、医疗人员、赛会服务人员和其他工作人员在内的人员，均提供了专业运动装备以及正装等物品。而在此前的三届奥运会，组委会运动装备类别的官方赞助商一直是阿迪达斯。2016年里约奥运会，361° 成功取代阿迪达斯，成为奥运会官方支持商。

李宁也不甘示弱，顺利拿下和印度代表团的签约，据《印度快报》报道，李宁将赞助印度奥运代表团2500万～3000万卢比（合37.5万～40万美元）。根据协议，李宁为代表团提供运动服和训练、比赛用具。参加里约奥运会的印度代表团，含运动员和官员在内约150人。如此看来各大体育品牌都准备好了一场奥运营销大战。

众所周知，奥运商机无限，奥运会作为人类历史上最大规模的体育盛会，受到了全球的瞩目。如何借奥运之机，顺风扬帆、整合资源打造黄金品牌，超越竞争对手，进行营销突围，对于各大体育品牌来说，就是千载难逢的机遇。诚然，尽管奥运会这个全世界关注度最高的体育赛事潜藏巨大的商机，但是这块金字招牌并不能为每个参与策划营销的企业都带来回报。目前借奥运会进行营销的企业很多都效果平平，这与企业选择的赞助商，以及营销内容缺乏创意有一定关系。营销绝不仅仅是简单签约一两个明星运动员，也并非简单的赞助，也不是进行广告宣传轰炸，而是一定要朝品牌价值驱动的方向，去强调品牌的价值。强调品牌价值，这就必须去研究体育本身，回归体育精神。（注：文字数据来源于黑马营销平台）

第二节 体育赛事策划

体育赛事的顺利开展，离不开赛前对赛事进行详尽的策划。本节主要从体育赛事策划的概念、体育赛事策划需要注意的问题、体育赛事策划的基本流程、体育赛事策划方案撰写四个方面展开论述，旨在让读者对体育赛事有更为直观的了解。

一 体育赛事策划的概念

体育赛事策划是指通过收集、整理和解析体育赛事相关资料，以体育赛事的目的为中心，依据心理、情感、创新、人文等策划原理，科学、合理、有序地安排体育赛事相关工作，并制定策划方案的过程，其结果一般是体育赛事策划案。体育赛事策划是一种创造性活动。

二 体育赛事策划需要注意的问题

体育赛事策划贯穿于赛前、赛中、赛后各个阶段，在整个体育赛事管理过程中处于指导地位。其思考路径一般包括以下三个方面。

1. 体育赛事策划要明确体育赛事目的

体育赛事策划是以体育赛事目的为核心而进行的活动，体育赛事策划案的首要任务就是体现体育赛事目的或目标，从而在赛前对各项工作统筹安排。因此，在充分考虑体育赛事各利益相关者需求的前提下，体育赛事策划必须明确体育赛事的主要目的，以避免后期工作的模糊性。

2. 体育赛事策划要阐述具体工作

体育赛事策划的整个过程可以说就是制定体育赛事战略规划的过程，所形成的体育赛事策划案是一份详细的体育赛事推进工作说明书，要包括体育赛事具体执行的各项工作安排以及时间表，基于此就可以组建团队进行体育赛事项目的实施。

3. 体育赛事策划要提供决策依据

体育赛事策划案要包含体育赛事各个基本环节，涉及竞赛组织、宣传推广、市场开发等多个方面，并且其内容必须是实质性的，是以客观事实为依据的。因此，体育赛事策划相当于是对举办的体育赛事进行整体设计，在一定程度上可为相关决策提供依据。

三 体育赛事策划的基本流程

体育赛事策划的基本流程主要包括搜集处理信息、确定比赛环节内容、确定比赛时间地点。

（一）搜集处理信息

若要提高体育赛事成功申办的概率，申办单位必须详细了解所要申办的体育赛事及其相关的基本信息，包括体育赛事相关资源及其特征、体育赛事主办单位或审批机构基本情况及其对申办单位的具体要求、申办单位自身条件和资源、申办单位所处国家或地区及城市的未来发展趋势和经济发展潜力、竞争申办单位的优势和弱势及其可能采取的申办战略等方面的内容。

（二）确定比赛各环节的具体内容

体育赛事策划要清晰地体现该体育赛事包含的具体内容，通俗地讲，即解决“有什么”的问题。在体育赛事策划案中要明确竞赛内容，包括赛制、参赛对象、奖金奖品或积分、参赛办法等；还要说明体育赛事相关活动的总体情况，包括新闻发布会、体育赛事开闭幕式、推广活动、签约仪式、赞助商拟定活动等。同时，要根据《体育总局关于推进体育赛事审批制度改革的若干意见》（体政字〔2014〕124号），规范体育赛事的名称。

（三）确定比赛时间与地点

时间要素在体育赛事策划中极为重要，主要表现为体育赛事开始和结束时间及体育赛事相关活动的时间安排。体育赛事时间的长短没有统一标准，要按体育赛事的不同类型具体而定。一般联赛、杯赛（锦标赛）时间跨度较大，如中国足球超级联赛赛期长达几个月。小型商业性赛事、群众性赛事时间跨度较小，如地方马拉松赛事赛期一般为一天。同时还要设定举办频率，即体育赛事是一年几届还是几年一届，或者是不定期举办。

举办体育赛事会衍生出很多相关活动，如新闻发布会、推广活动等，所以在拟定体育赛事举办地点的同时还要指定衍生活动的举办地点。策划体育赛事或衍生活动举办地点要考虑两方面：一是体育赛事或衍生活动在什么地方举办，即确定体育赛事或衍生活动在哪个国家、哪个省或自治区或直辖市、哪个城市举办；二是体育赛事或衍生活动在哪个场地举办，即选择体育赛事或衍生活动举办的具体地点。选择场地时，要结合体育赛事或衍生活动的主题和定位，还要综合考虑场地使用成本和场地周围及场地本身的设施和服务如何等因素。

四 体育赛事策划方案撰写

在一系列前期工作结束后，就可以开始撰写体育赛事策划案。体育赛事策划案是为举办一项新的体育赛事而提出的一套整体的规划、策略和方法，它是体育赛事策划具体内容的归纳总结和结果呈现。

（一）体育赛事策划案的主要构件

一般地，体育赛事策划案的主要构件包括封面、背景说明、目录、体育赛事概况、预算、工作进度安排、市场开发计划、宣传推广计划、预期收益、风险预案等10个方面。

1. 封面

包括策划单位、策划团队成员、日期、编号等基本信息。

2. 背景说明

包括对体育产业尤其体育竞赛表演业的发展现状分析、对国家相关政策的分析等内容。

3. 目录

体现该体育赛事策划案框架内容及内部的层次排列。

4. 体育赛事概况

包括体育赛事的名称、目的、主题、举办时间、举办地点、组织机构、竞赛规程等内容。

5. 预算

包括场地设施租赁费用、宣传推广费用、日常管理费用、奖品或奖金、交通食宿费用等方面，一般以预算表的形式呈现。

6. 工作进度安排

主要指按时间顺序对团队成员具体工作的统筹安排，一般使用甘特图或网络分析技术图表示。

7. 市场开发计划

主要指市场开发总体指导方案，包括市场开发目标和具体措施。

8. 宣传推广计划

包括媒体合作计划、活动营销方案等内容。

9. 预期收益

通过核算成本和收入来预估收益。

10. 风险预案

主要包括风险分析及应对措施。

（二）体育赛事策划案撰写的注意事项

在体育赛事策划方案撰写的过程中，要注意体现综合性与系统性，注重赛事的吸引力，坚持体育赛事市场化。

1. 体现综合性和系统性

体育赛事往往涉及政治、经济、文化、生态环境等多个方面，因此举办体育赛事是一项系统工程，和旅游、住宿、交通、通信、餐饮等多个行业相关。所以在策划体育赛事时一定要从整体出发，考虑体育赛事所有构成部分和相关部分的协调、综合发展，保证体育赛事系统各环节、各层次的相互作用和衔接，有序进行工作安排。体育赛事集人力、财力、物力等众多资源于一体，并受到多种因素的影响，因此一定要辨别体育赛事系统的各种影响要素，厘清其相互关系，从社会效益、经济效益综合统一的角度出发，根据体育赛事的目的、主题、举办条件、未来发展趋势、发展动态等方面进行策划。

2. 注重体育赛事的吸引力

体育赛事是体育竞赛表演业的核心产品，从全球经济的角度考虑，体育赛事应该满足参与性、针对性和创新性的条件，以增强体育赛事的吸引力，获取公众的注意力，因此在体育赛事策划案中必须着重体现体育赛事的吸引力。具有强烈参与性的体育赛事能够给予参与者所追求的体验，所以在策划案中应设计可供大众参与的环节，通过亲身参与其中，留下美好的回忆。策划体育赛事一定要针对其市场定位和参与对象而进行，使得体育赛事主题、竞赛内容和形式、相关服务能够受到参与者的欢迎，以提高体育赛事成功的可能性。同时，当前各类体育赛事众多，如何体现赛事的创新独特性，迎合参与者的“猎奇”心态，已经成为体育赛事策划案首先要解决的问题之一。

3. 坚持体育赛事的市场化运作

体育赛事的运作一定要突破政府出钱包办的旧模式，要强化市场行为，淡化政府行为，坚持市场化运作理念，引导公平竞争，做到责权利分明，既要考虑社会效益，也要追求经济效益。所以，在策划体育赛事时要根据市场需求开发相关产品和服务，分析市场现状和发展趋势，致力于发现消费者的新需求，不断开发体育赛事亮点，从而创造出适应市场发展趋势且具有前瞻性的体育赛事。同时，市场化运作理念还要求注重体育赛事品牌建设和发展、无形资产的开发和维护，并且做好体育赛事结束后的市场评估。在体育赛事策划案中，市场化运作理念主要体现在市场开发计划和宣传推广计划中。

第三节　体育赛事推广

体育赛事推广主要是在互联网背景下，将体育赛事与网络结合，通过网络形成对体育赛事受众的冲击力与吸引力，从而提升体育赛事的经济效益。本节从体育赛事推广的概念、体育赛事推广的重要性两个方面展开论述。

一　体育赛事推广的概念

体育赛事推广主要是指以体育赛事资源为基础，以互联网为平台，从体育赛事受众的需求出发，通过数字信息传播和网络媒体交互，实现体育赛事整体营销推广的战略目标。

二　体育赛事推广的重要性

体育赛事推广的重要性主要体现在扩大体育赛事信息传播范围、具有无可比拟的交互性特征、提升体育赛事的针对性以及提升体育赛事的灵活性四个方面。

（一）扩大体育赛事信息传播范围

网络信息的传播是不受时间和空间限制的，体育赛事信息和广告可以通过网络扩散、传播至世界各地的体育赛事受众，不断扩大体育赛事的知名度和影响力。只要具备连接网络所需的硬件和软件，任何人在任何地方都可以基于网络，获取体育赛事相关信息。

（二）具有无可比拟的交互性特征

体育赛事推广的大部分工作是以网络媒体为平台进行的，交互性是网络媒体最大的特征和优势，网络媒体的信息传播方式是体育赛事和体育赛事受众之间的双向传播，不同于传统媒体的体育赛事向体育赛事受众的单向传播。因此体育赛事受众可以选择获取其认为有价值的信息，而体育赛事则可以随时获得体育赛事受众的反馈。

（三）提升体育赛事的针对性

体育赛事的受众和网络的受众重叠部分较多，一般都具有充满活力、受教育程度较高、购买力较强等特征，而这部分群体也是很多潜在赞助商的目标受众，所以体育赛事网络推广有助于信息的有效定向传播，从而不断增强体育赛事推广的针对性。并且可以通过流量统计来计算体育赛事信息和广告的浏览量，统计推广时间和地点分布，从而评定网络推广效果，修正推广策略。

（四）提升体育赛事的灵活性

传统推广改变既定计划往往需要付出较大代价，而网络营销能够根据需要随时修正，从而提升体育赛事的灵活性，及时根据变化采取新的决策。并且，通过网络传播与体育赛事相关的信息，推广成本较低，可以大量复制相关信息并借助多渠道传播，最大程度利用资源。

思考题

1. 体育赛事的媒体宣传计划包含哪些内容？
2. 体育赛事的户外广告计划包括哪些内容？
3. 简述一个优质体育赛事的范例。

附录一：洛杉矶奥运会——商业与奥运完美结合

1984年洛杉矶奥运会，对世界奥林匹克运动而言，是一个意义深远的历史转折点。在商人尤伯罗斯的主导下，奥运会运作模式做出重大改革，引入商业化运作机制，制定全球营销策略，最大限度开发经济价值。这一届奥运会不仅没有花政府一分钱，反而净赚2.5亿美元，这是史无前例的纪录。从洛杉矶奥运会开始，只亏不赚的奥运会从没人敢要的烫手山芋变成了香饽饽，奥运会从此开始了与商业结合的路程。

一、首次盈利轰动世界

主办举世瞩目的奥运会意味着无上的荣耀，然而这背后意味着高昂的代价：1972年，联邦德国承办第20届慕尼黑奥运会，所欠债务十几年未能还清；1976年，加拿大举办第21届蒙特利尔奥运会，花费35亿美元，亏损10亿美元，为此政府不得不开征“奥运特别税”，预计将延续到2030年；1980年，苏联主办第22届莫斯科奥运会，耗资90多亿美元，亏损额更是空前。

一系列的财务黑洞，使奥运会似乎成了极其恐怖的经济陷阱。1977年，国际奥委会决定将1984年的第23届奥运会由洛杉矶承办，一时引起轩然大波。洛杉矶市民支持率仅占34%。此外，洛杉矶市政府、加利福尼亚州政府，以及美国联邦政府都明确表示不提供任何财政支持。

为了能够让奥运会生存下去，国际奥委会1978年8月开会，同意奥运会经费可以不由主办城市负担，而以商业化的方式筹集。洛杉矶奥运会因此成为历史上第一次由民间承办的奥运会。从事旅游咨询业的商人尤伯罗斯受命于危难之时，被选中担任奥组委的主席。

尤伯罗斯精心筹划了一整套经营战略，并加以创造性运用。这是第一届完全靠私人以及企业赞助举办的奥运会，但却成功地为来自140多个国家的7000多名运动员提供比赛所需的一切，此外还获得了难以想象的2.5亿美元盈利。洛杉矶奥运会商业运作的成功，让世人逐步认识到奥运会蕴含的巨大商业价值，也让越来越多的人参与到奥林匹克运动中来。尤伯罗斯也获得了“奥运商业之父”的美誉。

二、助推经济幅度惊人

奥运会实现2.5亿美元盈利的同时，主办城市洛杉矶的经济也受到巨大拉动，取得突飞猛进的发展。1984年9月，美国经济研究协会调查了洛杉矶奥运会对南加利福尼亚地区经济的影响，发现奥运会对这一地区的经济促进作用高达32.9亿美元，远远超过1962年西雅图的世界博览会和1982年诺克斯维尔的世界博览会。这两届博览会各历时6个月，总经济效益分别为10亿美元和15亿美元。洛杉矶组委会的调查发现，因举办奥运会，仅南加利福尼亚就有15亿美元的额外财源进账，其中3350万美元旅馆住宿费和税收收入则直接流进了洛杉矶财政的口袋。一届奥运会对当地经济的拉大作用，竟大幅度超过两届世博会的总和，这出乎所有人的意料。

洛杉矶的市政建设也获益匪浅。为满足奥运会的需要，洛杉矶国际机场进行了扩建，国际航站大厅在奥运会前投入使用，客运能力因此提高到每小时7万人次，使该市的航空枢纽功能进一步增强。洛杉矶国际机场成了美国最繁忙的机场之一，它每年接待约900万名国际旅客，占全美接待国际旅客人数的约12％。

奥运会还创造了大量的就业机会，仅体育、交通、通信、服务行业创造的直接就业机会就达2.5万个，而在奥运会举办前到举办完的4个月高峰期，更是涌现了3.75万个新工作岗位。奥运会更成了加州地产市场的拐点。1984年以前，加州房地产市场整体下滑，成交量连年走低。奥运会举办之后，包括洛杉矶在内的整个加州的房地产市场逆势上扬，房价当年就攀升了30％。当时在洛杉矶的很多华人，有先见之明，抢先大举购买房产，结果赚得盆满钵满。

同时，奥运会也给了世人一个重新认识洛杉矶的机会。洛杉矶人口混杂、种族繁多，因而被称为美国的第一个“第三世界都市”。20世纪六七十年代，洛杉矶还是个因种族骚乱不断而臭名远扬的城市，不仅如此，当时在人们的印象里，它还是个道路拥堵、浓雾弥漫的城市。奥运会改变了这一切，每天都有警察在城市的主要大街比如圣莫尼卡大道上巡查，数以万计的志愿者自发行动起来……他们的努力让人们看到了一个安全的、整洁优美的现代城市，洛杉矶的国际形象得以大大改观。这无形当中也带动了第三产业的发展。以旅游业为例，1984年洛杉矶吸引的境外旅游者达23万人，而1983年的数字只有11万多人。

三、凝聚人心重温旧梦

奥运会不仅仅在经济层面发挥了无与伦比的推动作用，在精神文化层面，它成了洛杉矶人甚至全体美国人的“励志大片”。借助奥运热，美国人的爱国热情得以空前高涨，一度分散低迷的民心士气也凝聚起来。当然，某种程度而言，这要归功于苏联以及东欧国家对本届奥运会的抵制，使得奖牌重新得到分配，美国抓住机会重温奥运霸主梦。

“我们是世界第一”，一时间，无论是电视里、比赛场上还是家庭的饭桌上，美国人每天都重复着这句话。在奥运史上，热情高涨的美国人第一次创下将所有门票一抢而空的纪录。体育场里在进行什么比赛，在美国人的心目中并不重要，重要的是能够涌进赛场去欢呼，体验美国重新成为世界第一的骄傲感觉。

140个国家和地区7960名运动员使这届运动会的规模超过了以往任何一届。田径比赛时，9万人的体育场天天爆满。以前在美国属于冷门的足球比赛，其观众总人数竟然超过了田径。就连曲棍球比赛也是场场座无虚席。多杰尔体育场举行的棒球表演赛，观众比平时多出一倍。买下奥运会转播权的美国广播公司昼夜不停地转播奥运会的各比赛项目，他们反反复复地播放美国运动员获胜的镜头：美国国歌时时响起，星条旗迎风飘扬，观众庄严肃立……在洛杉矶奥运会的那段日子里，所有的流行音乐一下子失宠，国歌成为美国民众中最时髦的乐曲。

“洛杉矶奥运会不仅收获了数亿美元的盈利，更帮助美国人找回了‘美国精神’，这或许是更可贵的财富。”尤伯罗斯后来回忆说。

1984年奥运会无疑让洛杉矶尝到了甜头，继1932年和1984年举办过两届奥运会之后，洛杉矶2007年1月22日又正式递交申请，要申办2016年夏季奥运会。作为加州州长的施瓦辛格亲自出面为洛杉矶拉票，而刚刚加盟美国职业大联盟的贝克汉姆也将出任洛杉矶的申奥代言人……洛杉矶这个名字，在奥运史上留下了浓墨重彩的一笔。

（数据来自2007年2月5日深圳商报）

附录二：优秀体育赛事方案

2017年时代地产员工运动会

一、比赛时间与地点

时间：2017年11月11日

地点：华南师范大学广州市番禺区广州大学城外环西路378号

二、比赛项目与参赛队伍名称

比赛项目：田径赛、羽毛球、乒乓球、篮球、游泳、趣味比赛、足球表演赛。参赛队伍：聚星队、光耀队、旋风队、火焰队、梦想队、超凡队。

三、参赛队伍分组情况

1. 聚星队（赛时臂贴的颜色为橙色）

分组情况：总裁办、企业管理中心、品牌与营销中心、投资发展中心、产业集团、家具家装公司、2017新青年。

2. 光耀队（赛时臂贴的颜色为绿色）

分组情况：运营管理中心、财务与资金中心、审计与法务中心、时代美术馆。

3. 旋风队（赛时臂贴的颜色为咖啡色）

分组情况：广州公司（南区、东区、北区）。

4. 火焰队（赛时臂贴的颜色为红色）

分组情况：长沙、清远、中山、东莞、惠州公司。

5. 梦想队（赛时臂贴的颜色为蓝色）

分组情况：佛山、珠海、深圳、北京、香港、上海公司。

6. 超凡队（赛时臂贴的颜色为紫色）

分组情况：商业公司、邻里公司。

四、全天比赛流程

1. 活动流程（上午）

序号	流程	时间	内容	区域
1	签到	07：50-08：20	LINK签到	田径场
2	列队	08：20-08：30	集合列队	田径场
3	开幕式	08：30-09：30	开幕式	田径场
4	时代公益	09：30-09：50	公益步致远	田径场
5	检录	09：55-10：10	各项目运动员检录	田径场、球馆、游泳馆
6	上午安排（径赛）	10：10-10：20	男、女子100米决赛	田径场
7		10：20-10：30	男、女子200米决赛	田径场
8		10：30-10：40	男、女子400米决赛	田径场
9		10：40-10：55	男、女子4×100米决赛	田径场
10		10：55-11：15	男子1500米决赛	田径场
11		11：15-11：25	女子800米决赛	田径场
12		11：25-12：10	个人挑战赛：5000米迷你马拉松	田径场
13	上午安排（球类赛事）	09：30-11：30	羽毛球淘汰赛、半决赛	球馆
14		09：30-11：30	乒乓球淘汰赛、半决赛	球馆
15		09：30-12：00	男子篮球巡回赛、半决赛	球馆
16	上午安排（游泳赛事）	09：30-10：00	游泳赛事运动员适应场地	游泳馆
17		10：00-10：20	男、女子50米蛙泳决赛	游泳馆
18		10：20-10：40	男、女子100米蛙泳决赛	游泳馆
19		10：40-11：00	男、女子50米自由泳决赛	游泳馆
20		11：00-11：20	男、女子100米自由泳决赛	游泳馆
21		11：20-11：40	男、女子4×50米混合接力泳决赛	游泳馆
22	上午安排（颁奖）	12：00-12：30	田径及游泳赛事颁奖	田径场

2.颁奖流程（上午）

时间	项目	内容
12：00-12：30	田径颁奖	田径100米男、女子
		田径200米男、女子
		田径400米男、女子
		田径女子800米
		田径男子1500米
		田径4×100米男、女子接力跑
	游泳颁奖	50米男、女子蛙泳
		50米男、女子自由泳
		100米男、女子蛙泳
		100米男、女子自由泳

注：各队助理、获奖人员及领奖代表，需持获胜凭证于11：30分到达舞台右侧领奖签到处候场。

3. 活动流程（下午）

序号	流程	时间	内容	场地
23	午餐	12：30-13：30	午餐	翰园餐厅（二楼）
24	签到、检录	13：30-14：00	LINK签到，运动员检录	田径场
25	下午安排（球类赛事）	14：20-15：30	篮球决赛	球馆
26			羽毛球决赛	球馆
27			乒乓球决赛	球馆
28	下午安排（趣味赛事）		趣味团体赛：新征程大闯关（陆上）	田径场
29			趣味团体赛：新征程大闯关（水上）	游泳馆
30			趣味团体赛：枕头大战	田径场
31			趣味团体赛：趾压板挑战赛	田径场
32			趣味团体赛：10人11足	田径场
33			趣味团体赛：协力跳大绳	田径场
34	下午安排（足球）		足球表演赛	田径场
35	闭幕式	15：30-16：00	闭幕式集合列队	田径场
36		16：00-18：00	闭幕式、颁奖仪式	田径场
37		18：00-18：30	LINK签到	田径场
38	全天安排	09：30-15：30	运动嘉年华	田径场

4. 颁奖流程（下午）

时间	项目	内容
16：40-16：50	趣味颁奖	枕头大战、趾压板挑战赛
		10人11足、协力跳大绳
		水上大闯关、陆上大闯关
16：50-16：55	“最”特别奖	最佳网络人气、最佳记者、最佳运动员、最佳领队、守时荣耀奖
16：55-17：15	球类颁奖	足球表演赛
		篮球赛
		羽毛球赛
		乒乓球赛
17：20-17：30	团队颁奖	团队冠亚季颁奖

注：各队助理、获奖人员及领奖代表，需持获胜凭证于16：00到达舞台右侧领奖签到处候场。

5. 开幕式流程

流程	活动时间	活动内容
开幕式	07：50-08：20	LINK签到
	08：20-08：30	集合列队
	08：30-08：35	主持人开场
	08：35-08：40	领导出场
	08：40-09：00	国旗方阵、团队方阵出场，升国旗
	09：00-09：05	领导致开幕辞
	09：05-09：15	运动员代表、裁判代表宣誓
	09：15-09：18	时代公益短片回顾
	09：18-09：22	启动仪式
	09：22-09：30	领导宣布正式开始

6. 闭幕式流程

环节	活动时间	活动内容
闭幕式	15：30-16：00	乐队暖场、集合列队
	16：00-16：30	时代基金会捐赠仪式
	16：30-16：40	上午赛事获奖名单回顾
	16：40-16：50	团体趣味赛获奖队伍代表领奖
	16：50-16：55	“最”特别奖颁奖
	16：55-17：05	花式啦啦操表演
	16：55-17：15	球类各项赛事获奖队伍代表领奖
	17：15-17：20	公布加分环节各队得分
	17：20-17：30	团体总分颁奖获奖领奖
	17：30-17：35	领导致闭幕辞
	17：35-17：40	领导及全员合唱公司司歌
	17：40-18：00	开香槟，活动圆满结束，合影留念

注：田径及游泳赛事的颁奖将于上午比赛结束后进行。

7. 比赛时间

①上午

序号		比赛时间	比赛项目	比赛区域
1	上午	09：30-09：50	时代公益：全员单脚跳、集体拍照	田径场
2		09：55-10：10	运动员检录	田径场、球馆、游泳馆
3		10：10-10：20	男、女子100米决赛	田径场
4		10：20-10：30	男、女子200米决赛	田径场
5		10：30-10：40	男、女子400米决赛	田径场
6		10：40-10：55	男、女子4×100米决赛	田径场
7		10：55-11：15	男子1500米决赛	田径场
8		11：15-11：25	女子800米决赛	田径场
9		11：25-12：10	5000米迷你马拉松	田径场
10		09：30-11：30	羽毛球淘汰赛、半决赛	球馆
11		09：30-11：30	乒乓球淘汰赛、半决赛	球馆
12		09：30-12：00	男子篮球巡回赛、半决赛	球馆
13		09：30-10：00	游泳赛事运动员适应场地	游泳馆
14		10：00-10：20	男、女子50米蛙泳决赛	游泳馆
15		10：20-10：40	男、女子100米蛙泳决赛	游泳馆
16		10：40-11：00	男、女子50米自由泳决赛	游泳馆
17		11：00-11：20	男、女子100米自由决赛	游泳馆
18		11：20-11：40	4×50米男、女子混合接力泳决赛	游泳馆

②下午

序号		比赛时间	比赛项目	比赛区域
1	下午	14：20-15：30	篮球比赛决赛	球馆
2			羽毛球比赛决赛	球馆
3			乒乓球比赛决赛	球馆
5			趣味团体赛：新征程大闯关（陆上）	田径场
6			趣味团体赛：新征程大闯关（水上）	游泳馆
7			趣味团体赛：枕头大战	田径场
8			趣味团体赛：趾压板挑战赛	田径场
9			趣味团体赛：10人11足	田径场
10			趣味团体赛：协力跳大绳	田径场
11			足球表演赛	田径场

五、各项赛事赛制（由于篇幅限制，故只保留田径比赛规则）

1. 田径比赛规则

时间：10：10—12：00

地点：田径场

比赛项目：男/女子100米、男/女子200米、男/女子400米、男子1500米、女子800米、男/女子4×100米。

运动员资格：每队各出1支队伍，运动员24人（12男12女）；每名运动员只能报1个项目，每队每项目限报2人，男/女子4×100米限出一队。

2. 比赛办法

（1）男/女子100米、男/女子200米、男/女子400米、男子1500米、女子800米

①运动员必须胸前佩戴号码布（四角固定），否则禁止参加比赛；

②按照《田径竞赛规则》进行，倡导公平、公正、认真、文明，如有疑义请书面提出申请至仲裁委员会复议；

③6支队伍同时进行比赛，一轮定胜负；

④男/女子100米、男/女子200米、男/女子400米比赛必须采用蹲踞式起跑及起跑器；

⑤男子1500米、女子800米长跑采取站立式起跑（参加这两个项目比赛的参赛选手必须在赛前提交健康证明）。

（2）男/女子4×100米

①按发令员的口令指示开始比赛，第一个（队伍中最后一棒）身体（胸部）触到终点线的队伍获胜，按最快时间决出前三名，时间相同并列名次；

②男/女子4×100米接力分道进行，同队选手之间以30厘米长的金属圆棒为传接工具，接棒者必须在20米接力区内完成接棒动作；

③6支队伍同时进行比赛，一轮定胜负。

注：比赛执行国际田联最新颁布的《田径竞赛规则》。以上所有竞赛规则解释权归竞赛组委会，未尽事宜另行通知。

3. 对阵表

①男/女子100米、男/女子200米、男/女子400米、女子800米、男子1500米对阵表。

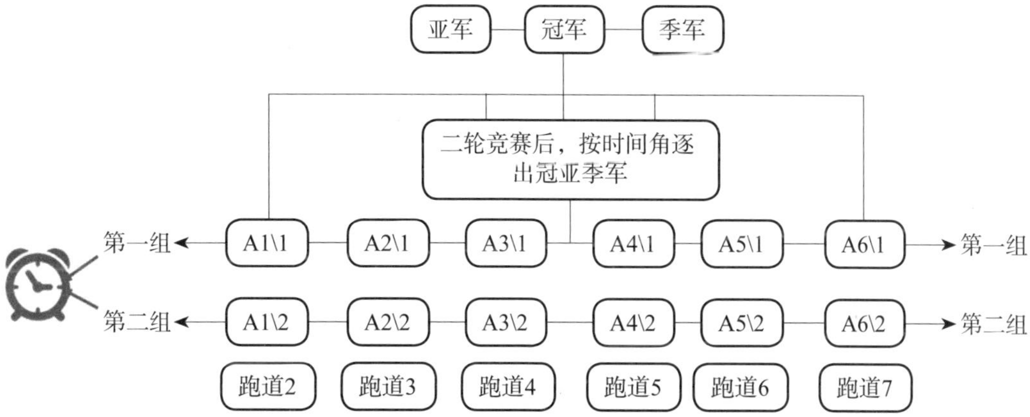

②男/女子4×100米对阵表

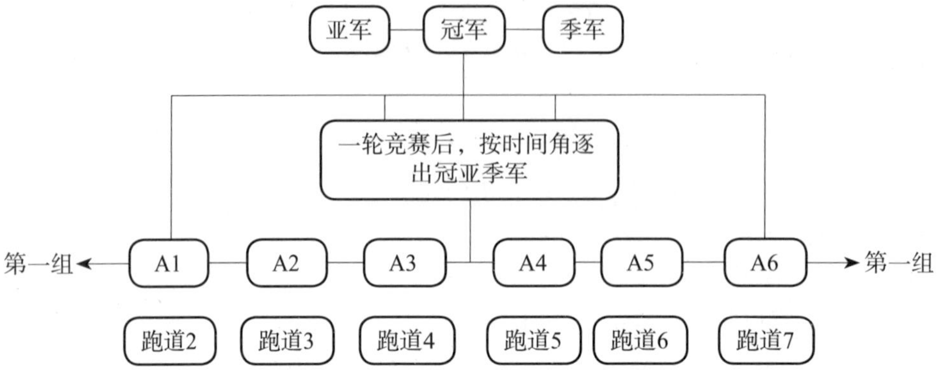

4. 具体赛程安排

①田径比赛100米

队伍组成：聚星队、光耀队、旋风队、火焰队、梦想队、超凡队

②田径比赛200米

队伍组成：同上

③田径比赛400米

队伍组成：同上

④女子田径比赛800米

队伍组成：同上

⑤男子田径比赛1500米

队伍组成：同上

⑥田径比赛4×100米

队伍组成：同上

六 积分设置

积分设置表

类别	比赛项目	第一名	第二名	第三名	第四名	第五名	第六名
田径比赛	女子100米	10	8	7	6	5	4
	男子100米	10	8	7	6	5	4
	女子200米	10	8	7	6	5	4
	男子200米	10	8	7	6	5	4
	女子400米	10	8	7	6	5	4
	男子400米	10	8	7	6	5	4
	女子800米	10	8	7	6	5	4
	男子1500米	10	8	7	6	5	4
	女子4×100米	20	18	16	14	12	10
	男子4×100米	20	18	16	14	12	10
游泳比赛	男子50米蛙泳	10	8	7	6	5	4
	女子50米蛙泳	10	8	7	6	5	4
	男子100米蛙泳	10	8	7	6	5	4
	女子100米蛙泳	10	8	7	6	5	4
	男子50米自由泳	10	8	7	6	5	4
	女子50米自由泳	10	8	7	6	5	4
	男子100米自由泳	10	8	7	6	5	4
	女子100米自由泳	10	8	7	6	5	4
	4×50米混合接力	20	18	16	14	12	10
球类赛事	羽毛球团体赛	20	18	16	14	12	10
	乒乓球团体赛	20	18	16	14	12	10
	男篮比赛	20	18	16	14	12	10
趣味团体赛	新征程大闯关	20	18	16	14	12	10
	枕头大战	20	18	16	14	12	10
	跐压板挑战赛	20	18	16	14	12	10
	10人11足	20	18	16	14	12	10
	协力跳大绳	20	18	16	14	12	10
全员加分项	方阵团队风采	10	9	8	7	6	5
	守时奖	5	3	1			
	环保奖	3					
	徒步奖	5					
最高得分 403分							

七、加分环节

1. 新征程守时奖评选办法

①守时率=守时人数/该队应到人数；

②守时人数计算方法：根据上午及下午LINK签到数据计算出守时人数（各队成员需在8:20前贴上守时臂贴）；

③全天守时率=(上午守时率+下午守时率)/2；

④守时率前三名的队伍可分别在总分上加5分、3分、1分。

2. 新征程环保奖评选办法

①当天特设环保背篓领取点；

②每队上午、下午均需派6人领取环保背篓，每人背篓中有8件垃圾算完成环保任务；

③完成指数计算方法：6(人)×8(件)×2(上/下午)=96件；

④完成环保任务的队伍可加3分；

⑤截止时间上午12:00、下午15:30。

3. 新征程徒步奖评选办法

①加分目标为每人当天步数≥8000步（任何计步软件均可）；

②完成率=完成8000步的人数/实到人数；

③完成率≥80%，该团队即可加5分。

（备注：此环节与时代公益相结合，所得步数可转换为相应金额，由公益基金会进行捐赠）

4. 最具网络人气奖评选办法

①时代员工在现场，可以拍摄自己认为“最美”的照片，发送到朋友圈集赞；

②现场出示集赞情况开始全员人气大比拼；

③全天单条朋友圈获赞数最多的可获得“最具网络人气”大奖。

（备注：所拍照片的内容必须是积极向上的，并且需要跟此次运动会相关）

5. 方阵团队风采展示评选办法

①各队方阵由50人组成，1举牌手（女）、1举旗手（男），48名队员；

②每队在入场时可进行风采展示；

③由领导进行评分，去掉最高分及最低分，平均分按排名可加10分、9分、8分、7分、6分、5分。

八、现场平面图及停车规划

附录三：历年奥运会会徽展示

1896年夏季奥林匹克运动会（Games of the I Olympiad）是第一届现代奥林匹克运动会，也是自罗马帝国皇帝狄奥多西一世在公元393年废除古代奥运会以来的首届奥运会。古朴的会徽带有明显古希腊绘画风格，雅典的守护神雅典娜手持橄榄枝，注视着山脚下重新修复的古希腊奥运竞技场，似乎在等待着来领取荣誉花冠的比赛胜利者。

1900年巴黎奥运会会标的主体是一位身着传统法国骑士服装的女性，右手高举法国的三件传统兵器——花剑、佩剑和重剑，设计简单，却充满了法国味道，从这届奥运会起，女性开始走进了奥林匹克大家庭，参加了表演项目的比赛。

1904年7月1日至11月23日，第三届奥运会在美国的圣路易斯举行，会标通过采用“鱼眼”特技展示了主办城市的风貌。由于举办较早，当时的会标还是通过世界博览会宣传海报的方式出现的。

1896年第一届雅典奥运会

1900年第二届巴黎奥运会

1904年第三届圣路易斯奥运会

1908年第四届伦敦奥运会体现出浓郁的时代风格，跳高运动员的服装，跳高姿势以及身后 的煤渣跑道和运动场中间的游泳池，都有着当时的烙印。

1912年斯德哥尔摩奥运会的会徽图案浓缩了各国运动员对奥林匹克运动的向往之情：它描述了一队身形矫健的奥运选手，挥动着各自国家旗帜奔向奥林匹克赛场的情景。从中我们能隐隐嗅到古代奥运的气息，也充分体现了北欧人的健美与活力。

1920年比利时安特卫普奥运会会徽右上方是主办城市的盾形徽章，中间手执铁饼、健壮的半裸男子让人想起古代奥运会。背景是安特卫普著名的城塔。会标中，参加国的国旗在一起飞卷飘扬，象征着五大洲团结在一起。

1908年第四届伦敦奥运会

1912年第五届斯德哥尔摩奥运会

1920年第七届安特卫普奥运会

1924年巴黎奥运会会标的主体是巴黎城的盾形城徽，中间配以一艘在大海中航行的古帆船，同时附有“第八届奥林匹亚德巴黎1924”和“法国奥委会”的文字说明。从严格意义上讲，这是现代奥运史上的第一枚会徽，从此奥运会的会徽和招贴画正式分开。

1928年阿姆斯特丹奥运会会标融入了更多现代元素。蓝色的背景上，一名长跑运动员高举象征胜利的白色月桂枝。会徽底部飘扬着荷兰国旗色——红、白、蓝三色波浪。会徽创造性地将国家、运动、胜利、奥林匹克等元素融为一体。

1932年的洛杉矶奥运会会徽的主体是东道主美国的国旗，奥运五环标志居于会徽正中，代表胜利的月桂枝穿梭其间，更快、更高、更强的奥林匹克精神首次出现在了奥运会徽中，充分展示美国人所追求的美国精神。

1924年第八届巴黎奥运会

1928年第九届阿姆斯特丹奥运会

1932年第十届洛杉矶奥运会

1948年伦敦奥运会的会徽以议会大楼的钟楼为主要构成。这个著名的“大本钟”的指针指向四点，这是计划中的开幕式时间。前景部分为奥林匹克五环标志。组委会需要的是一个最能代表英国的象征。

1952年赫尔辛基奥运会会徽图案的设计简洁而清晰，主要表现了奥运主会场的标志性建筑“奥运塔楼”和“奥运五环”，意味着光辉的奥林匹克来到了“千湖之国”芬兰；同时，世人也能感受到芬兰人对奥运的那份深深的敬仰和渴望之情。

1956年墨尔本奥运会会徽采用单一绿色，会徽主体是一个矗立在澳大利亚版图上燃烧着的熊熊火炬，火炬的上方是奥林匹克的标志——五环，会徽的底部是“默尔本 1956”字样，并向两侧延伸成为象征着胜利的月桂枝。

1948年第十四届伦敦奥运会

1952年第十五届赫尔辛基奥运会

1956年第十六届墨尔本奥运会

1960年罗马奥运会会徽采用了罗马城徽标志上一只母狼在哺乳两个婴儿的奇特图案。母狼哺乳的两个婴儿中的一个，就是传说中的罗马城第一任国王罗慕路。会徽居中几个大大的字母是拉丁文“1960”的意思，可见罗马城徽是古罗马历史文化的高度浓缩。

1964年东京奥运会会徽为置于日本国旗前的奥林匹克标志，它象征奥林匹克就像一轮冉冉升起的红日。而一轮红日下的奥运五环标志，采用了金色，有别于传统的五环颜色。会徽的设计体现出了东方古老文明的神韵。

墨西哥城被称作壁画之都，1968年奥运会会徽的创作灵感就来源于丰富的壁画素材。墨西哥城奥运会的会徽由来自奥运组委会、墨西哥和美国的三位艺术家协作完成，会徽创造性地使用黑白两色，将彩色的奥运五环标志和墨西哥的英文字样与传统壁画图形巧妙地融合，让人联想到古老的印第安图案。同时墨西哥的每个字母或环形、或直线，又像运动场的跑道。简洁却丰富，单一却深刻。会徽强烈的墨西哥民族风格给人留下了深刻印象。

1960年第十七届罗马奥运会

1964年第十八届东京奥运会

1968年第十九届墨西哥城奥运会

1972年慕尼黑奥运会会徽设计只有黑白两种色彩，具有抽象性，主体部分是一顶光芒四射的桂冠，寓意慕尼黑奥运会的主体精神——光明、清新、崇高，象征着一个“光芒四射的慕尼黑”。

奥林匹克领奖台和五环的组合构成了1976年加拿大蒙特利尔奥运会会徽的主体，而领奖台与五环的一部分又构成了三个田径跑道的图案。巧妙的是领奖台同时是变形的美术字M，代表了主办城市的名字。奥运五环出现在会徽的显要位置，表达出奥林匹克运动对五大洲团结的强烈呼唤。

1980年莫斯科奥运会会徽在五环上面五条平行线呈金字塔形垂直排列，象征奥林匹克更快、更高、更强的精神。同时也体现了莫斯科的城市建筑风格，顶部的五角星取材于苏联的国旗。整个标志以耀眼的红色呈现出强烈的视觉冲击力。

1972年第二十届慕尼黑奥运会

1976年第二十一届蒙特利尔奥运会

1980年第二十二届莫斯科奥运会

1984年洛杉矶奥运会会徽“运行之星”的图案主体为五角星，象征着人类的最高愿望。画面13条横虚线，使星显出运行状态，既寓意生命不停地运动，不停地进取，又象征美国独立时的13个州。红白蓝三色，是美国国旗的三种颜色。

1988年汉城奥运会会徽由蓝、红、黄三色呈旋涡状的条纹和象征奥林匹克的五色环组成，三种颜色代表天、地、人“三元一体”的哲学意义。动态的条纹意指生生不息的体育运动，旋转向上以示和谐进步。会徽中向内心的动态，比喻来自五大洲的选手走到一起；而外离心的动态，则寓意着通过奥林匹克的崇高精神，走向相互了解和世界进步。

1992年巴塞罗那奥运会会徽充满活力。上半部由蓝、黄、红色一点和两个弯曲的线条组成，红、黄、蓝三大色块象征着地中海文化的三个永恒主题：太阳、生命、大海。一点两线既象征大地、天空，又构成了一个人的运动状态，似跑似跳。图案代表了巴塞罗那悠久的文化和现代化建设的生命活力。同时，还可理解为巴塞罗那人正张开双臂迎接来自五大洲的客人。

1984年第二十三届洛杉矶奥运会

1988年第二十四届汉城奥运会

1992年第二十五届巴塞罗那奥运会

1996年亚特兰大奥运会会徽的主体部分是一个火炬。火炬的底部由五环和阿拉伯数字100构成，纪念奥运会已经走过了百年。而火炬的上半部由火焰变成的星星象征每一位运动员的卓越追求。会徽中的金色象征着金牌，绿色象征着亚特兰大的城市之树——月桂枝。

绿色和环保是澳大利亚留给每个人最深刻的印象，2000年的悉尼奥运会会徽中心是“新世纪运动员”，也就是一个运动员正奔向新世纪的形象。由上至下不难看出悉尼歌剧院的外形曲线被用来表示火炬，而太阳、岩石及土著的回旋标的图形则被用来塑造运动员的头、手及腹部。而蓝色则象征着环抱澳大利亚的海洋。

1896年，希腊举行了现代第一届奥林匹克运动会，而在2004年奥运会重回故地之时，雅典仍旧选择用象征和平与友谊的橄榄枝来承载他们对奥运的理解。整个设计风格简单明快，蓝色和白色两种颜色围成圆形的白色橄榄枝是和平的象征，同时也体现着现代雅典对全世界的包容性。

1996年第二十六届亚特兰大奥运会

2000年第二十七届悉尼奥运会

2004年第二十八届雅典奥运会

2008年北京奥运会会徽“中国印·舞动的北京”隐喻着中国的信誉和沉稳。而作为一届运动会的会徽，她还表现出了北京的活力和魅力。北京在舞动，在和着时代的韵律舞动；北京不仅是富有文化传统的古代名城，更是富有创新精神的现代都市

——这是“中国印·舞动的北京”的又一寓意。

2012年伦敦奥运会会徽以数字“2012”为主体，包含了奥林匹克五环及英文单词伦敦（London）。这一设计清晰地传达出伦敦的声音，伦敦2012年奥运会是所有人的奥运会、所有人的2012。会徽颜色一共有四种，分别是粉色、橙色、蓝色和绿色，可根据不同场合的需要使用不同颜色的会徽。这一设计是百年奥运史上第一次由奥运会和残奥会“共享”同一个会徽。

2016年里约奥运会会徽内三个连在一起的抽象人形手腿相连，组成里约面包山形象，设计基于富有感召力的力量性、和谐的多样性、丰富的自然性和奥林匹克精神的理念。

2008年第二十九届北京奥运会

2012年第三十届伦敦奥运会

2016年第三十一届里约热内卢奥运会

2020年东京奥运会会徽的三种不同的长方形代表了不同的国家、文化和思维方式，表达了多样性融合的意思。并且奥运会和残奥会的会徽还表达了东京奥运会将成为一个多元化的平台，连接全世界。会徽选择了抽象形态，表面上看是设计师的审美选择，实则凝聚着厚重的东方历史文化，也融入了西方文化元素，在禅宗精神影响下，富有“和”之美，“素”之美，“寂”之美。

第六章

体育培训

本章导读

纸上得来终觉浅，绝知此事要躬行。本章内容重在实践能力的锻炼，通过学习，掌握体育培训所包含的内容，力争在体育培训的组织与策划方面做到与时俱进，将优质成果展示于人。

教学目标

- 了解体育培训的组织与策划
- 学习优秀体育培训组织与策划的范例
- 探讨体育培训组织与策划的发展方向

学习内容

- 体育培训的概念与发展背景
- 掌握体育培训的特征
- 学习优秀体育培训组织与策划的范例

第一节　体育培训概述

本节主要从体育培训的背景、对体育培训的需求、体育培训的种类、体育培训的特征以及体育培训的影响因素五个方面进行介绍。

一　体育培训的背景

随着我国社会、经济和文化的快速发展，人们的价值观和生活方式发生了巨大的变化。关爱自身健康、重视生活质量和注重生命过程的长度和愉悦越来越成为一种主流的价值观。“以人为本，健康第一”“请人吃饭，不如请人流汗”“花钱买健康”等观念已被人们广泛接受和推崇，健身健美、体育休闲娱乐已成为一种时尚和主流的生活方式，并成为人们生活的重要组成部分。另一方面，科技的日新月异带来的激烈竞争和快节奏的都市生活严重地影响了人们的身体健康，亚健康、文明病的比例越来越高。不仅如此，千军万马挤独木桥考大学的莘莘学子也由于忙于学习而出现了越来越多的“眼镜”“胖墩”和“豆芽”，我国青少年学生体质健康连续20年持续下降，已成为众所周知的事实和急需解决的重要问题。关注成年人的健康，开展全民健身活动，提高劳动者的劳动生产效率、促进经济发展；重视青少年的体育锻炼，培养健康的下一代已成为社会的呼唤和时代的最强音，参与体育活动已成为社会各类人群最广泛的需求。

随着社会的发展，人们对体育的需求日益增长，体育不再是少数人的专利，也不再仅仅是身体健康需要的产品，随着体育事业的产业化，体育已经成为一种特殊的可供娱乐的消费品。为了适应人们日益增长的体育消费的需要，专门从事体育服务产品生产和经营的人也越来越多。体育产业作为一种绿色、环保、无烟的朝阳产业，目前已成为世界各国重点发展的产业之一，并成为一个新的经济增长点，在各国国民经济的发展中占据着越来越重要的地位。例如，世界体育产业最发达的美国，体育产业的总产值大约占其国内生产总值（GDP）的4%，在各大行业总产值的排名中居第6位；在体育产业发达的北美、西欧和日本，体育产业的年产值已经进入国内十大支柱产业之列。为发展我国的体育产业，国家先后出台了各项政策。

1992年，中共中央、国务院颁布了《关于加快发展第三产业的决定》，第一次把体育事业划归为第三产业的第三层次。为响应中央颁布的《加快第三产业发展的决定》，国家体委正式提出了体育产业的概念。1995年6月，国家体育总局制定了《1995—2010年的体育产业发展纲要》，指出体育产业发展的目标是用15年左右的时间，逐步建成适合社会主义市场经济体制，符合现代体育运动规律，门类齐全、结构合理、规范发展的体育产业体系，基本形成以主体产业为基础，多业并举、多种所有制并存共同发展的产业发展新格局。2007年全国体育产业工作会议上，国家体育总局提出了发展体育产业的16字方针“依托场馆、紧扣本体、全面发展、服务社会”，即要遵循体育产业的发展规律，以体育场馆为平台和依托，重点培育、扩大和提升健身休闲服务业、竞赛表演业等核心产业，发挥核心产业的延伸和拉动作用，带动体育用品、体育旅游、体育会展、体育广告、体育传媒服务、体育建筑等相关产业全面发展。2010年国务院办公厅发布《关于加快发展体育产业的指导意见》，首次从国家层面明确了体育的产业地位，体育产业的重要性得到了政府的认可，为我国体育产业的发展增加了动力。我国体育产业虽然起步较晚，但发展很快，产业的领域不断拓展，发展规模不断扩大，产业的质量有所改善，产业的效益也明显增高。在短短的十几年时间里，已形成了以体育健身娱乐业、体育竞赛表演业、体育用品业、体育培训业为主体产业，体育广告业、体育建筑业、体育博彩业、体育旅游业等为外围产业的市场体系。

二 对体育培训的需求

随着以人为本理念的深入人心，以及企事业单位精神文明建设的需要，曾一度消失的职工体育迅速升温，并越来越火爆。大部分企事业单位每年都要举行几次单项、综合的职工体育比赛。从专业人才的储备、成本和服务的专业角度，大部分企事业单位，既缺乏相应的人员和条件，也没有成立专门的部门来开展职工体育赛事活动。因此，职工体育的兴起产生了对赛事策划组织、编排赛程、场地、器材和裁判的大量需求。

随着我国全面三胎政策的放开，家长对孩子的培养和教育更加全面化。孩子身体健康，具有一项运动技能，培养活泼外向的性格和与人交往的能力成为家长的普遍愿望。对孩子的教育培养，家长从来是不会吝啬的。为此，各种游泳、乒乓球、羽毛球、篮球、跆拳道等体育培训市场得到迅速增长。

我国医疗体制的改革，人们对健康重要性的认识更加深刻，“请人吃饭、不如请人流汗”，委托体育服务企业通过运动、陪练的方式维护自己与大客户的关系已成为一种非常重要的公关手段，这种方式在一些大公司、高科技企业更加流行。

自1984年洛杉矶奥运会后，体育已成为企业宣传的一张名片和平台，可口可乐、三星、联想、李宁等企业通过体育成为世界知名品牌的成功案例数不胜数。各类企业根据企业的实力和类型均存在着宣传自己的企业形象、塑造企业品牌的内在需求，如广州美林地产、恒大地产等通过自我设计一些体育产品来宣传企业，达到销售自己主营产品的目的。随着体育成为一种健康的推广平台，越来越多的企业，特别是一些地方性的企业，产生了自我策划各类体育活动、宣传企业、推销企业和企业产品的需求。

三 体育培训的种类

体育培训主要从以下三个方面进行分类：按运动项目分类、按资源整合顺序分类、按区域分类。

1. 按运动项目分类

按运动项目可分为竞技类体育项目培训和休闲类体育项目培训。其中，按培训对象可分为运动员培训、体育教练员培训、体育教师培训、体育经纪人培训、社会体育指导员培训等；按投资主体可分为国家培训、社会培训、国家和社会共同培训；按培训机制可分为计划型体育培训、市场型体育培训、半市场型体育培训等。

2. 按照资源整合顺序分类

按照资源整合顺序的不同可以将体育培训机构分为两类，第一类是先占有场地资源的机构，这类机构需要先负担较高的成本，再利用营销的手段获得客户。第二类是先占有客户群体的体育培训机构，这类机构利用互联网平台形成的粉丝社群传递价值主张，并进行品牌营销，对互联网平台的依赖性较大。在场地资源优先占有型的体育培训机构服务模式中，由于整体服务功能的设计与核心客户群体信息沟通的不畅，增加了与场地、服务产品、客户需求等几个关键性要素匹配的难度。另外先获得场地资源，导致机构成本提高，并在一定程度上影响了功能设计和价值的实现。客户群体优先占有型的体育培训机构以迎合客户需求的某些抽象化概念为价值主张，并沿着提出价值主张—聚集粉丝社群—设计服务内容—聚合资源—服务发生的路径，完成整个价值创造的过程，企业可以设计成本，降低获取资源过程中发生的成本，并且可以迎合目标用户群的需求，提高服务价值。

3. 按照区域划分

按照区域划分是指集中于某一地市 / 地区体育培训机构。某一省体育培训机构、约定范围体育培训机构，按照营利角度划分，分为非营利性和营利性机构，以营利性居多。按照培训目的划分为：有学历性和非学历性体育培训。按照不同项目划分为：大球（篮球、足球、排球）培训，小球（乒乓球、羽毛球、网球）培训，舞蹈、武术、轮滑等培训项目。按照教授内容划分：一是体育知识培训，这是一个较为规范的领域，参与体育知识培训的单位大多是由国家主管部门指定与控制的教学或行政单位，培训场所相对固定，有严格的教学内容要求，有较好的教学条件和较高水平的师资，其性质相当于对社会所需的体育专业人员进行的岗前或上岗培训；二是体育运动技术培训，该市场主要是指社会各界所开办的相关项目技术培训的场所，即以各运动项目技术为商品，为满足社会上不同性别和不同年龄群体在学习运动技术或锻炼身体等方面的需求而形成的一种专门的服务行业。

四 体育培训的特征

体育培训业在我国目前还尚未形成成熟的市场运行机制，这主要源于我国的体育管理体制，体育运动人才的培养主要依靠体制内运作，还没有全部进入市场化运作。而在国外体育产业发达国家，体育培训业多数已实现完全依靠市场配置资源。体育培训的主要特征有：

（1）产品方面。体育培训提供的是运动训练的专业指导服务，产品具有无形性、不可复制与储存性。由于不同个体的运动技能存在差异，需要依据人才的运动技能提供专业指导，产品质量难以预见。

（2）消费方面。体育培训业的消费活动具有持续性与风险性，这是由体育人才成长的特性决定的，任何运动技能的形成都不是一蹴而就的，而是需要一个长期的、系统的、科学的运动训练周期才能形成的，因而这种消费方式属于持续性消费；消费活动具有生产与消费的同时性；体育培训过程中无论是业余训练还是专业训练都要根据接受对象的条件和水平来开展，受消费者技能基础、运动天赋等影响大，需要消费者共同实现产品的生产与消费。

（3）市场方面。在我国，体育培训市场由于长期受“举国体制”的影响，国家对体育运动人才培养的行政指令具有较大影响。随着体育管理体制的完善与创新，市场对体育人才资源的配置作用将更为显著。体育培训市场需要建立相应服务机构，为运动人才的有偿输送、交流和转会提供综合服务，以实现高水平运动人才的优化配置；需要特定的宣传手段，积极扩大体育技术信息市场，扩大有偿训练和有偿转让。

五 体育培训的影响因素

体育培训的影响因素主要有体育人才资源、体育人口、居民收入水平、区域城市化水平、中介服务业的实力、体育文化认同六个方面。

1. 体育人才资源

体育人才资源是体育培训业发展的关键因素。首先，人才资源是体育培训业开展的主体，决定着体育培训业的类型与方向。体育人才资源禀赋是在一定时期内，不同区域中各类体育人才资源要素的状态。其包括两方面，一是赋存量的大小，二是赋存要素的品质，即体育人才资源的数量与质量两个方面。不同区域体育人才资源的数量与结构存在区域差异。

其次，高水平的教练员资源是体育培训业的重要决定因素。教练员资源的拥有量是体现培训企业实力的必要因素。体育培训业的主要任务在于培养和训练，培养运动技能，通过训练提高运动水平。教练员在运动技能培养与传授、运动训练、竞赛活动中起核心作用。无数实践证明，无论是国家竞技体育水平的整体实力、运动项目水平的高低、运动员技能的发挥，还是竞赛水平的高低，都与教练员的水平密切相关。高素质的教练员是体育培训市场生存与发展不可或缺的重要因素。体育培训业提供的是运动技能服务，体育培训本身实际上是在制造产品，其培训出来的学员的素质与能力反映培训质量。在其他条件不变的情况下，优秀的教练员能通过其丰富的培训经验，采用有效的培训方法，培养出出色的学员。无论是参加竞技体育的运动员，还是掌握和提高运动技能的学员，其培训质量更多地取决于教练员的水平与能力。因此，教练员人才资源对体育培训业的发展是至关重要的。教练员的理论水平、运动训练理念、运动技能培养方式、运动负荷与训练调控、运动员管理等训练经验以及对前沿训练方法与手段的借鉴与应用，不仅对提高训练质量与训练效率有重要影响，而且对于防止运动损伤也有非常重要的作用。因此教练员人才资源是提升体育培训质量与水平的核心因素，拥有高水平的教练员队伍是保障体育培训业发展的重要因素。

最后，体育人才资源是实现与提升体育培训机构品牌价值的重要因素。体育培训市场以培训服务为交易对象，这种服务不同于有形产品，而是通过培训的供给与需求方之间建立的教学关系实现的。这种培训产品的价值实现不仅取决于教练员、指导员或管理人员的付出，也需要教育者的努力与配合。在一定的时空范围内，双方构成一个密不可分的整体，共同实现培训目标。由于培训过程的特殊性，这种服务的质量评定难以预期也无法量化。因而，体育培训机构的品牌价值对其发展具有极其重要的作用。优质且丰富的人才资源既能扩大培训机构的影响力，又能提升体育培训业的市场竞争力。随着体育培训市场的扩展，培训企业的实力与规范成为扩大市场和参与竞争的新因素。较高的品牌知名度和美誉度，将在培训市场上形成优势，确立市场地位也是保持竞争优势的重要因素。培训机构的品牌是彰显企业实力的标志，体育人才资源尤其是体育明星的知名度、优秀教练员的拥有量、社会体育指导员的数量是塑造和提升体育培训市场品牌价值的重要因素。

2. 体育人口

体育人口数量是体育培训业发展的基本因素。首先，体育人口影响体育培训业的市场主体。体育人口在很大程度上能反映区域居民对体育活动的认同感与参与程度。体育作为一种娱乐和消遣的健康生活方式已得到越来越多人的认可和关注。纵观全球，致力于打造国际化大都市的城市都在打造浓郁的城市体育氛围。美国是全球户外运动最发达的国家，据说每4个人就有1个是户外运动爱好者，项目包括自行车、野营、钓鱼、狩猎、各类划船运动、冰雪运动、徒步等。这充分说明在美国，运动已成为人们生活的重要组成部分，居民习惯于将体育作为生活的重要组成部分，对体育的认同度非常高。居民进行体育活动的方式很多，或者参与体育活动，或者将观赏赛事作为一种聚会的方式。这不仅营造了一种浓郁的体育活动氛围，也极大地促进了体育产业的发展。与此同时，因参与体育活动或观赏体育赛事过程中产生的食宿、交通、旅游、装备等费用，成为拉动体育产业繁荣与区域经济发展的重要力量。

其次，体育人口的结构与规模直接影响体育培训业发展的程度和方向。体育人口的数量反映群众体育活动的开展情况，由此形成体育培训市场的消费群体基础。体育培训业的目标市场可以分为两类，一类是希望通过培训掌握一定运动技能，达到强身健体目标的消费者，尤以青少年为主；另一类是通过培训最大限度地挖掘运动潜能，追求运动技能的不断提高，参与运动竞赛并以此作为职业的人群。无论是哪种消费目的或消费人群，首要的问题在于目标市场的基础消费群体，体育人口便是体育培训业的潜在消费群体。体育人口的比重不仅能反映居民的体育参与度，从某种程度上也反映出居民的体育文化认同度。事实上，青少年是体育消费的主力军，也是体育消费的潜在市场主体。

再次，体育人口是体育培训市场发展的动力源。体育人口不同于一般的运动参与群体，其对体育的高度认同与迫切需求是促使其进行体育培训的内在驱动力。这一群体是体育培训机构稳定的消费群体与目标市场，有利于体育培训机构扩大运动选材的范围，为培训市场提供源源不断的动力。一个区域的体育人口数量不仅反映出该区域居民对体育的认同与参与程度，而且说明该区域体育培训市场蕴含着相当大的开发潜力。

最后，体育人口是体育培训业发展的潜在力量。体育教育培训业作为体育产业的重要组成部分，受人们生活方式转变、健身意识增强、生活质量提高等因素的影响，区域的体育人口规模是体育培训业发展的强大动力。体育人口具有较强的体育消费需求，而且这个群体对掌握运动技能或提高运动水平的欲望较强。体育人口的规模与消费水平对推动体育培训市场的不断增长与发展具有重要作用。

3. 居民收入水平

居民收入水平是体育培训业发展的物质基础。首先，居民收入水平是影响体育培训市场需求的基本要素。随着我国社会主义经济的发展，居民的生活水平得到很大程度的提高，人们的健身意识逐步增强，加之全民健身计划与青少年阳光体育运动的宣传倡导与组织实施，体育活动的重要性受到越来越多的关注，这也有利于扩大体育培训业的潜在消费市场。同时，硬件设施的增加与专业的健身指导服务，也有利于形成广阔的体育培训市场。体育培训市场由体育技能指导服务的供给方与需求方之间的经济关系构成，需求方需要支付一定的费用以获取专业教练提供的体育技术指导服务，收入水平成为一个必不可少的因素。

其次，居民收入水平的提高带来消费结构的优化，促进体育培训市场的发育。据“十一五”全国体育产业发展概况与分析数据显示：截至2008年全国体育培训活动的从业人员达3.56万人，实现增加值13.48亿元，连续两年增长70%左右。

最后，居民收入水平为体育培训提供经济支撑。由于体育培训机构人才资源的稀缺性、场馆设施资源的有限性等，体育培训企业不是提供无偿服务，而是依靠提供培训服务获取收益，讲求经济效益，具有较强的商业性。体育培训企业通常是以营利为目标，要求接受技能培训的消费者个体支付培训费用。这种费用是在基本消费之外的支出，需要一定的收入水平作为保证。体育培训产业的深入发展，不仅需要引导和推动目标消费群体更多地了解技能培训的作用，认可培训机构的服务质量，更需要具备一定的经济实力，才能引导目标消费群体进入体育培训市场。

4. 区域城市化水平

区域城市化水平是体育培训市场发展的重要环境因素。首先，城市化水平为体育培训业的有效市场需求提供条件。城市化水平的体育认同意识通过影响生产要素中人的观念，进而对区域体育培训业产生深刻影响。城市化水平高的区域表明人们的收入水平、闲暇时间、文化教育等因素优于其他区域，而这些因素直接或间接影响人们对体育的认识，对健康投资的意识以及对体育运动作为一种职业的价值理念。体育培训业无论是提供参与运动竞赛的培训服务，还是提供健身的技能培训，都受这些因素的影响。

其次，城市化水平间接影响体育培训市场的消费理念。体育培训市场由运动技能的供给方与需求方通过培训内容形成交易关系，由此实现资源的优化配置。即将有需求或有潜质的人才资源交由高水平的教练员培训，实现运动技能的提高。从营销视角看，体育培训市场需要稳定的消费群体与广阔的消费市场，其中消费理念具有不可忽视的作用。城市化水平不仅影响体育培训产品的消费能力，而且影响着民众参与体育培训的消费理念。

最后，城市化水平为体育培训业的开展提供有利外部环境。从目前体育培训业的发展实践看，城市化水平高的区域居民的消费意识较强，地域的独特性和经济发展程度影响着体育培训市场的形成和发展。城市化水平反映居民生活环境、生产方式与生活方式，由此影响人们对体育参与的态度、体育项目的选择以及体育活动参与方式等。城市化水平高的区域的人们对体育的需求强，区域居民健身消费意识浓厚，这成为参与体育培训的潜在驱动因素；场馆资源是体育培训业不可缺少的硬件设施，城市化水平高的区域，体育培训的硬件设施完善，为培训提供保障；此外，城市化水平高表明居民受教育程度普遍较高，对体育的认识以及将体育视为一种职业的认同度较强，成为体育培训市场发展的外部因素。

5. 中介服务业的实力

中介服务业的实力是影响体育培训市场成熟度的重要因素。首先，中介服务业是活跃体育培训市场的润滑剂。体育培训机构的主要作用是参与培养和训练，提供运动技能的教育与训练服务。这种培训服务价值的实现需要在市场交换中才能得到实现。市场交换的顺利进行需要完备的市场供求信息，中介服务业的作用在于搭建交换平台，在培训主体与客体间传播信息，为培训机构吸纳人才与输出人才提供必要的服务，促进交换双方的利益实现。中介服务对活跃体育培训市场具有重要作用。

其次，中介服务业的水平间接影响体育培训市场的成熟度。体育中介组织是为体育培训方与接收方提供有关培训服务信息及培训价值实现途径，以此获取收益的机构。通过体育中介服务业的运作，促进培训对象运动技能的有偿转让以及培训机构的有偿训练，实现双方的经济效应与社会效应，有效促进体育培训市场的运转。国外职业体育培训市场的高度成熟与体育中介的高度活跃是分不开的，正是由于体育中介的润滑剂作用，才使得职业体育的经济效益得以实现。体育中介组织在职业体育市场的作用尤其重要，无论是对运动队或运动员的包装营销抑或人才交流，其价值的实现与流转都离不开体育中介服务的专业运作。体育中介服务业有利于提升各类体育资源的配置效率，促进体育培训市场的繁荣。

再次，中介服务业是扩大体育培训市场影响力的推动力。中介服务业通过提供有关培训机构的服务信息来扩大体育培训机构的影响力，通过对培训对象的输送、交流、转会等提供综合经纪服务，实现培训对象人才资源的价值实现与优化配置，为扩大业余训练和专业训练提供重要的信息与流转路径，为体育培训市场的不断成熟提供了条件和可能。通过体育经纪服务公司的运作，最大限度地发挥体育培训机构与有潜质的运动员资源的整合效率，使得两者间的信息交流更加完备，渠道更加畅通，提升体育培训业的选材范围与转让空间，提升体育培训产业的竞争力。

最后，中介服务业是增强体育培训市场竞争力的重要因素。提高资源配置效率，无论是对培训机构资源的有效利用，还是对人才资源的发掘、培训对象的出路畅通、培训服务价值的实现途径、分流安置与再就业、多渠道筹集资金等体育中介服务业都发挥着极其重要的作用。

6. 体育文化认同

体育文化认同是影响体育培训消费意识的重要因素。首先，体育文化认同是影响体育培训消费行为的隐性因素。掌握一定的运动技能或以竞技运动为职业是促使人们参加体育培训及进一步投资的内部动力，而体育文化认同对体育培训消费具有不可忽视的潜在作用。美国体育产业的发展与体育文化就有直接关联，如橄榄球、棒球市场的巨大规模就与高度的体育文化认同有密切联系。

其次，体育文化认同有利于形成积极的体育培训意识。体育培训不同于文化教育培训，需要教练员的指导，更需要接受培训的个人的刻苦训练，如果没有对体育的认同和爱好或执着追求是难以取得优秀的运动成绩的。体育文化认同有利于提供持续稳定的动力，减少培训过程中的消极因素，为运动技能的掌握与提高发挥积极作用。

最后，体育活动习惯与文化认同是影响体育培训项目的潜在因素。体育文化认同也呈现区域性特征。随着全社会对青少年体质的关注，针对这些群体的体育培训市场逐步兴起并活跃起来。不同所有制类型的企业逐步涉足体育培训市场，主要集中在群众基础较好、市场需求较大的项目。

第二节　体育培训的组织与策划

体育培训组织是传播赛事的重要机构。组织者对培训内容进行科学的策划，并制定培训方案，让基层体育教育者快速掌握相关体育赛事规程与规则。

一 体育培训的组织

体育培训组织的主要工作内容包括制定培训方案、发布培训通知、下发培训课程通知、准备培训场地及设施、主持培训会场、培训过程的监控、培训评估、对培训效果的分析及总结等方面。

1. 制定培训方案

组织者必须明确培训的目的、意义，计划培训的内容，需要参与培训的岗位或人群以及培训的方式。只有确定培训的方向后，才能据此制定培训计划或方案。培训方案包括培训教材的准备、培训讲师的选择、培训费用的预算以及培训如何组织等。

2. 发布培训报名通知

如果是定向的培训，就无须再通知报名，名单在拟订方案时就已经确定。

报名通知需要明确培训的课程名称、培训的时间地点、培训的讲师，对于一些重要的培训活动，还要简要介绍一下培训课程以及公示培训讲师相关资料。培训计划提前两周发布，以便参训人员进行相应的工作安排。

3. 下发培训开课通知

根据培训的报名及课程要求，下发培训开课通知，开课通知必须明确培训的具体时间、培训教室的地点、参训人员需准备的用具等。一般开课通知会提前三至五天发布。

4. 准备培训场地及设施

根据培训课程要求，准备相应的培训场地。比如教学型的培训方式就以“一字型”的为主，讨论分享型的培训方式可以采用“分组式”的场地。另外，培训场地的相关器材也必须提前准备好，比如投影仪、音箱、话筒（包括备用话筒）、电脑、插座板等，还可以适当准备一些水果及饮料等。

5. 培训地点指引、培训签到及资料发放

由于培训者不一定都能准确知道培训的具体地点，因此需在到达培训地的路线中设置必要的指引路标。培训前的签到也是培训必不可少的一道程序，在培训教室前设置签到处。如果需要发放培训资料可以在签到的同时进行发放。

6. 主持培训会场

作为组织者，可以自己作为培训会场主持或安排专门的主持人。在培训过程中，主持人的主要职责是主持培训议程，维持培训会场秩序，处理培训过程中需要协助的其他事项。培训的组织者一定要注意，如果讲师没有助理的情况下，一定要提前和讲师沟通，准备好教学道具，并根据讲师的要求在培训过程中提供道具。

7. 培训过程的监控

培训的组织者，在没有特殊事项的情况下，一般需坐在后排或前排偏位全程监控培训过程，在培训过程中提供帮助，预防培训过程中的一些风险事项，比如设备故障的处理、培训进度的提醒等。

8. 培训评估

作为一场优秀的培训课程，组织者在培训结束后都会对培训课程组织评估。评估包括课程设置、讲师的授课技巧、教材安排以及被培训者对于此次培训的感受等。对于一些特殊的课程，还可以组织相应培训考核。

9. 培训效果的分析及总结

培训结束后，组织者应当根据培训评估表、培训后的效果和意见收集情况进行整理，撰写分析和改善报告，为后续的培训组织提供帮助。

组织体育培训需要注意的事项

①组织的培训要有规范的管理，不能流于形式。组织培训首先要明确目标，通过培训，使参与培训的人员明确本次培训的现实意义。

②组织的培训要有针对性，符合时代发展需求。

③培训内容要具有实效性。

④培训方案设计者应该根据培训的目标和参培教师需求确定培训者人选。遴选培训者是一个重要的环节。

⑤培训形式要学练结合，内容以技能为主，理论以探讨为主。

二 体育培训的策划

在不同的情况下应该采用不同的策划方案，这里主要说明体育培训营销策划的内容，主要包括产品策划、价格策划、渠道策划和促销策划四个方面。

（一）产品策划

产品的概念包括四个层次，即核心产品、期盼产品、增值产品、潜在产品。通常会把后三个产品统称为边缘产品或附加产品。

1. 体育培训的核心产品

体育培训的核心产品是指消费者购买时所追求的核心利益和服务，是由体育培训的基本服务产品组成的。例如：健身操培训的核心产品是健身，通过运动达到身体健康的目的；足球培训班的核心产品是使学员学会一定的足球技术、技能和获取一些特有的感受等。

2. 体育培训的期望产品

体育培训的期望产品与普通产品一起构成需要满足的起码购买条件。例如：当顾客购买足球健美产品时，除了希望得到健身操带来的健身、健康外，还有一些附加元素，包括舒适的健身器材、环保的健身房（女子健身场所还要有较少“外人”

或没有人可以看到的、较封闭的场所）等；当顾客购买足球培训的产品时，他除了希望学到一定的足球技术、技能外，还会希望有好的标准足球场、草坪，训练辅助器材完善等。

3. 体育培训的增值产品

体育培训的增值产品就是这个产品与其他同类产品区分开来的附加产品。例如，健身操培训的增值产品可以是承办者为学员提供的免费学习资料、健身服等；足球培训班的增值产品可以是培训人员为学习班成员提供的免费教材、训练服、赠送纪念衫等。

4. 体育培训的潜在产品

体育培训的潜在产品由已经或能够被消费者利用的所有潜在增加的特征和利益组成。例如，健身操培训的潜在产品是让消费者通过这一培训可以提高身体的协调性，增强乐感，为学习其他操增加储备，同时也学会锻炼的方法，养成良好的锻炼习惯，为终身体育打下良好的基础；足球培训班的潜在产品是通过这一培训可以提高身体协调性、灵活性，提高身体素质，为今后从事其他体育项目打基础。通过足球训练和比赛，可以培养人的吃苦耐劳、顽强拼搏、勇创第一的精神，这对适应当今社会激烈的竞争环境大有裨益。

（二）价格策划

体育培训产品价格在其营销组合中起到中枢作用。定价是关键，因为它直接决定了经营收入。定价决策最通常的做法是在成本上加一个百分比。事实上体育培训企业或部门更需要使用战略性定价来赢得竞争优势。

体育培训产品的定价决策会影响到体育培训和营销渠道的所有成员，体育培训企业（培训商）、推销员或宣传员（推销人员）、竞争对手和接受培训人员（顾客）都受定价影响。而且定价还影响接受培训人员的感受，比如，接受培训人员往往会先入为主，根据价格判断将要接受培训的质量，并预先设定自己的期望值。简而言之，定价可以被比作一张三脚凳，三个凳脚分别是成本、竞争者和对接受培训人员的价值。

1. 设定体育培训产品的定价目标

这个定价目标要考虑的因素包括体育培训企业的生存状况、利润的最大化、销售市场的最大化、社会上树立的声誉。①生存目标。这种定价首先要考虑的是体育培训企业的生存问题，在不利的市场条件下，定价目标可能是放弃了期望的定价水平而首先确保生存。当然，这是最坏的设想，“留得青山在，不怕没柴烧”。②利润最大化的目标。这种定价在解决了生存问题后，定价要考虑的就是如何获得最大利润。③销售市场最大的目标。如何利用定价去占据最大的市场份额。为了这个目标，体育培训企业很有可能在培训初期以培训亏损来获取最大的市场份额。④社会声誉的目标。体育培训企业打算在价格方面给大众一个什么样的感觉：是高档的还是大众化的；流行的，还是独具一格的、严谨高效的；或是随和惬意的。这是一个体育培训企业的风格定位问题。它决定了接受培训人员（消费者）对你的感观，也是接受培训者是否觉得“物有所值”的关键所在。

2. 了解体育培训市场需求

在体育培训的营销过程中，必须知道顾客想要什么，必须懂得价格和市场需求的关系及市场需求如何随不同的定价水平而产生变化，甚至随着市场的细微变化而变化。我们必须明白市场需求不是一成不变的，而是有弹性的，因此体育培训产品定价也是有弹性的。例如旱冰、滑雪、游泳、交谊舞在中考前，体育加试培训的集训与平时的培训等，价格都会发生变化，而且有时是很大的变化。弹性有大有小，像常年办的健身操班等培训的弹性就比较小。

3. 体育培训成本分析

体育培训的营销者需要了解体育培训的成本，以及它们随时间和需要水平的不同时是如何改变的。要想算好这一笔账，就要首先分析一下什么是固定成本和可变成本。体育培训的固定成本，是指那些在进行与体育相关内容的培训时，不随培训“产出”水平而变化的成本。它们在一定时期保持固定，其中包括运动场地、培训教室、培训人员等成本。体育培训的可变成本，包括兼职培训人员的工资、易耗品（包括体育的）、水电、邮资等，随着体育培训的数量多少而改变。还有些成本由部分固定成本和部分可变成本组成，如电话成本和培训人员或职员加班的薪金等。

4. 掌握体育培训市场中竞争对手状况

体育培训市场中竞争对手及其定价是需要考虑的重要因素。竞争对手是一面镜子，同时也是一扇窗户，从这面镜子，我们可以看见自己的优点和不足之处；从这扇窗户，我们可以看到整个体育培训市场的现状和发展的态势。这将帮助我们评估竞争对手，调整我们的价格策略。通过调查还可以确定对手的成本、价格和利润的基准。

5. 选择合适的体育培训产品定价方法

在体育培训行业中，其定价方法的差异很大，典型的有以下几种。

①成本加价法：即在成本基础上加一个百分比。

②回报率定价法：按资金的回报率进行定价。

③竞争性同等定价：根据市场领先者的价格进行定价。

④亏损引导定价：在进入市场的某一阶段，考虑适当亏损以吸引客户。

⑤价值基础上的定价：考虑目标客户所能感受到的价值和可接受的价格进行定价。

⑥关系定价：综合分析服务潜在客户时可能带来的潜在价值。

在决策过程中，应根据实际情况选择最合适的定价方法，以期达到最佳结果。

（三）渠道策划

1. 体育培训渠道的选择

体育培训的渠道一般有四种，具体内容如下。

①体育培训产品的直接销售渠道。一种是指对生源，直接面对生源销售知识、技能等；另一种是将含有所培训知识、技能等的载体——人或学员推向用人单位或称推荐就业。前者多为健身娱乐等目的，后者多为谋职后升职目的。

②体育培训代理人或经纪人。具有委托、经纪代理职能，现在在我国市场拓展较差，但这一市场前景较好。

③体育培训机构和用人单位（或个人用户）的代埋人和中间商。

④体育培训的特许培训或承包培训者。这是指体育培训的分校，或连锁培训学校（站、点等）。

2. 选择渠道时应注意的问题

①尽量选择招生和推荐这两种体育培训“销售”渠道，这是体育培训企业发展的最适宜的“销售”渠道。但今后发展代理人、中间商或特许经营单位是企业发展的方向之一。

②选择与生源和用人单位见面以外的方式，要特别注意体育培训的质量保证，并尽快使代理人、中间商或特许培训者的培训人员接受一定的培训。

（四）促销策划

体育培训服务包括很多领域，这些领域被称为体育培训服务的沟通组合或促销组合，主要包括以下几个方面。

1. 体育培训服务的广告

体育培训服务的广告是指体育经营单位或非体育经营单位支付 定费用，以不同的主客体形式，通过一定的媒介向市场传播消息，以促销产品或劳务的方式。目前，我国大量的体育经营单位都借助于广告宣传和产品促销，以树立良好的产品和企业形象。

2. 体育培训服务的促销活动

体育培训服务的促销活动被认为是一种附加于激励措施之中的沟通。激励措施的形式通常是降价，让消费者认为有利可图。促销活动并不仅限于顾客，它们也可以用来激励企业雇员（内部营销）和激发经销商（中介所、分校、站、点）——渠道战略。

3. 体育培训服务的电子商务

体育培训服务的电子商务是指利用现代电子技术开展的促销和沟通服务，包括电子邮件、传真、电话营销等利用互联网的服务。它们提供了向高度目标化的微分市场发送个人化信息的可能性，如同一对一的沟通。在营销人员能够收集到有关现有顾客和未来顾客的具体信息时，成功的可能性就大大提高了。

体育培训服务的促销和沟通组合常用的方法如下：

①体育培训服务中的样品赠送法；

②体育培训服务中的价格与数量促销法；

③体育培训服务中的优惠券法；

④体育培训服务中的签约返利法；

⑤体育培训服务中的未来折扣法；

⑥体育培训服务中的礼品赠送法。

第三节　体育培训的机遇与开拓路径

一　体育培训的机遇

我国体育培训市场的开发有三大机遇——国家政府大力支持、居民余暇时间增多以及2008年奥运会的召开。体育培训越来越受到重视。

（一）国家政府的支持

人们日益增长的体育消费需求与社会体育场馆数量不足之间的矛盾，以及我国体育场馆自身的维护等问题，促使我国各级政府大力支持体育场馆面向社会、面向市场。这些支持包括了在市场开发过程中给予相关政策上的扶持，除提供一些资金兴建现代化的运动场馆设施和其他配套设施外，还提供税收等经济政策上的一系列优惠。

国家颁布了许多与青少年体育培训与教育相关的政策，如《中央集中彩票公益金资助青少年体育活动管理办法》《青少年体育活动促进计划》《关于加强竞技体育后备人才培养工作的指导意见》等。虽然这些对体育培训机构利好的政策已出台，但是有些青少年培训机构往往忽略了政策对自身的引导和支持，本来应该取得政府资金支持的却没有享受到。比如，北京市东城区的相关政府部门就与很多社会俱乐部开始联手，通过政府购买服务的方式，开设有马术、击剑、皮划艇、跆拳道等体育项目。但是由于当时政府没有那么多的场地，也没有那么多的教练员，于是政府就通过购买服务的方式，给相关体育培训机构费用，由他们来培养运动员。这种方式实际上是对机构的一种扶持，所以培训机构可以尝试通过这种方式来发展。

（二）余暇时间的增加

随着我国经济的高速发展，劳动分工越来越细，大多数手工劳动被机器取代，无形当中增加了人们的余暇时间。这是人们进行体育活动及从事体育消费的最重要的条件之一。随着社会物质财富的积累和生活水平的提高，更多的人开始把更好地度过余暇时光作为提高生活质量的一个重要途径，“花钱去健身”理念已经成为时尚和潮流。

（三）2008年北京奥运会的举办

北京奥运会从申办到筹办，一直是社会各界关注的热点和焦点。公众广泛关注北京奥运会，客观上营造了体育培训市场开发的良好氛围与环境，尤其是社会关注的持续性给体育培训市场开发计划的不同阶段营造十分有利的开发平台，为市场开发创造更多的商业机会。举办奥运会的过程是一个不断提高国民体育意识、引导大众体育消费的过程，有利于产生体育培训市场开发的新理念和新思路。

二 开拓体育培训市场的可行路径

开拓体育培训市场主要从四个方面进行，分别是场地、教练、课程和销售方式。

（一）场地

场地是基本。没有场地，培训就无从谈起，我国现在人均体育场地面积是1.5平方米，“十三五”规划中提到人均体育场地面积要达到1.8平方米。即便人均体育场地面积为1.8平方米，甚至到2025年人均体育场地面积是2平方米，我国和美国、日本的差距还是很大的。

（二）教练是基石

体育培训机构选择教练员主要看人品、能力、经验、技术和其要求的待遇。马力认为应该把教练员的人品放在第一位，然后才是能力、经验和技术。目前体育培训机构的教练员主要来自四方面，分别是退役运动员、体育教师、体育院校毕业生和社会体育爱好者。其中退役运动员有优势，也有不足，优势表现在专项技术较强，技术环节细腻，运动实践经验丰富；不足在于理论基础薄弱，教学经验欠缺。第二类是体育教师，现在有许多体育老师兼职在校外带孩子，这种方式也有利弊，好处主要体现在教学经验丰富，组织能力较强，善于沟通，有亲和力；弊端在于专项技术较弱。第三类是体育院校的应届毕业生，其最大的好处就是成本低，而且相关理论知识较多，专项技术规范，有理想，有抱负，有上进心；但教学经验欠缺，实践经验不足。第四类是社会体育爱好者，他们酷爱体育运动，任劳任怨，对专项训练有一套自己的理解；但是缺乏专业经历，对专项培训缺乏系统性。

在体育培训机构中，有很多体育培训机构的教师拥有体校教练员的资质，但却没有社会体育指导员培训资质，而这恰恰是体现体育培训机构专业性的重要的一方面。社会体育指导员培训是由体育局主办的，体育机构的教师可以在相关体育部门进行申请，而且大多体育培训机构的教师都可以申请到，但是体育培训机构鲜有知晓此情况并让教师前去申请。

（三）课程是基本

现在很多教练员在上课的时候没有教案，只靠自己的经验授课。这不是体育培训机构应该有的样子。体育培训机构一定要有教案，训练才能有密度、有强度、有课堂常规、有纠正方法等，更关键的是要形成完善的教育体系。马力表示：“教学体系是培训机构发展最有价值的部分，也是被大多消费者（青少年的家长）所忽略的。家长一般选择的条件是：场地在哪里，多少钱，教练是谁，教学是什么就关心不到了，也弄不懂。”

（四）构建销售方式

体育培训机构的经营模式主要包括自主经营、租赁经营和合作经营。其中最好的经营方式是自主经营，因为场地是体育培训机构自己的，但是这种场地非常少。因此，现在大部分培训机构通过预付租金的方式包时、包场，而租赁经营有一个最大的缺点就是场地没有保障，因为场地方会随时调整培训机构的训练时间，使得培训机构非常被动。合作经营模式就是场馆方提供场地和器材，培训机构进行运营并承担风险。

思考题

1. 体育培训的影响因素有哪些？
2. 组织体育培训的机遇有哪些？

附录：优秀案例——广东体育职业技术学院的培训

1. 阐明节日文化内涵（以清明节推送为例）

清明节又称踏青节、行清节、祭祖节等，节期在仲春与暮春之交。因万物“吐故纳新”，故处处彰显“勃勃生机”，所以该节日既包含祈福消灾、尊祖敬天的传统礼俗，又蕴含着慎终追远、反躬自省的生命意识。在此传统节日之际，让我们深怀感恩之情，礼敬清明，一同感悟生命的深刻文化内涵。

2. 对外价目表

<table>
<tr><th colspan="5">旭日青少年体育俱乐部疫情期间对外价目表
（天河区黄村奥体路52号）免费停车</th></tr>
<tr><th>项目</th><th>类别</th><th>价格</th><th>期限</th><th>备注</th></tr>
<tr><td rowspan="3">游泳</td><td>单次票</td><td>50元/次</td><td>当天有效</td><td>室内恒温泳池
水温30℃</td></tr>
<tr><td>10次卡</td><td>300元</td><td rowspan="2">3个月</td><td rowspan="2">可多人同时使用</td></tr>
<tr><td>30次卡</td><td>过期无效，不设退费</td></tr>
<tr><td rowspan="2">健身房</td><td>单次票</td><td>680元</td><td rowspan="2">6个月</td><td rowspan="2">可多人同时使用</td></tr>
<tr><td>30次卡</td><td>过期无效，不设退费</td></tr>
<tr><td rowspan="2">羽毛球</td><td>时段价格
09：00—14：00</td><td>40元/时/片
VIP场地：50元/时/片</td><td rowspan="2">当天有效</td><td rowspan="2">1～6号场为普通场地，
7、8号场为VIP场地。
新地胶外加缓冲垫
任何人都可以使用</td></tr>
<tr><td>时段价格
14：00—16：00</td><td>50元/时/片
VIP场地：60元/时/片</td></tr>
<tr><td rowspan="2">网球</td><td>时段价格
09：00—14：00</td><td>30元/时/片</td><td rowspan="2">当天有效</td><td rowspan="2">任何人都可以使用</td></tr>
<tr><td>时段价格
14：00—16：00</td><td>40元/时/片</td></tr>
<tr><td rowspan="2">乒乓球</td><td>时段价格
09：00—14：00</td><td>15元/时/桌</td><td rowspan="2">当天有效</td><td rowspan="2">任何人都可以使用</td></tr>
<tr><td>时段价格
14：00—16：00</td><td>25元/时/桌</td></tr>
<tr><td rowspan="2">篮球</td><td>半场</td><td>120元/时</td><td rowspan="2">当天有效</td><td rowspan="2">任何人都可以使用</td></tr>
<tr><td>全场</td><td>240元/时</td></tr>
<tr><td>球类</td><td>会员卡</td><td>首次充值500元</td><td>有效期一年</td><td>9折</td></tr>
</table>

3. 场馆场地介绍

游泳池：室内恒温游泳池28～30℃，国家标准泳道，配备专业救生员队伍。

羽毛球馆：设备一流，配有最先进的新地胶外加缓冲垫，广州市内顶尖场地。

健身房：器械先进，种类齐全。拥有杠铃、跑步机、功率自行车、软梯等训练器械。

室内篮球场：国内标准球场。

4. 优惠礼包

2021年春季培训班优惠礼包：①所有报名成功学员免费停车。②旧学员带新学员同时报名9折。③5人团购9.5折、10人团购9折、20人团购8.5折。

注：①私教班不参与折扣。②优惠折扣不可累加积累，只可使用一项。③所有课时需在有效期内完成（最终解释权归旭日青少年体育俱乐部所有）。

5. 课程安排

<table>
<tr><th>班别</th><th>年龄</th><th>班级人数</th><th>学习内容</th><th>上课时间</th><th>价格</th><th>备注</th></tr>
<tr><td>蛙泳基础班</td><td>6岁以上</td><td>7～10人</td><td>学习蛙泳基础知识（包学会20米蛙泳）</td><td>周六、周日
09：30—11：00
14：00—15：30</td><td>10节1080元
（有效期40天）</td><td rowspan="5">达到升班标准可在学期内直接升班</td></tr>
<tr><td>自由泳基础班</td><td>6岁以上</td><td>7～10人</td><td>学习自由泳基础知识（打腿、独立游20米）</td><td>周六、周日
09：30—11：00
14：00—15：30</td><td>10节1080元
（有效期40天）</td></tr>
<tr><td>长训班</td><td>6岁以上</td><td>7～10人</td><td>提高身体素质，强化各泳姿的训练，培养学员长期锻炼的兴趣</td><td>周六、周日
09：30—11：00
14：00—15：30</td><td>20节1880元
（有效期100天）</td></tr>
<tr><td>成人班</td><td>16岁以上</td><td>7～10人</td><td>学习蛙泳基础知识（包学会20米蛙泳）</td><td>周六、周日
09：30—11：00
14：00—15：30</td><td>10节1180元
（有效期40天）</td></tr>
<tr><td>精英班</td><td>6岁以上</td><td>10～15人</td><td>学习四式泳姿，参加高水平比赛</td><td>周六、周日
09：30—11：30
14：00—16：00</td><td>20节2980元
（有效期100天）</td></tr>
<tr><td rowspan="4">私教</td><td rowspan="4">不限</td><td>一对一</td><td rowspan="4">根据学员情况需求制定课程计划（与教练沟通约课）</td><td rowspan="4">周六、周日
09：30—15：30</td><td rowspan="2">约课：
60分钟/节</td><td>10节
2180元</td></tr>
<tr><td>一对二</td><td>10节
1880元</td></tr>
<tr><td>一对三</td><td rowspan="2">约课：
75分钟/节</td><td>10节
1580元</td></tr>
<tr><td>一对四/五</td><td>10节
1480元</td></tr>
<tr><td>篮球班</td><td>6岁以上</td><td>7～10人</td><td>细化分班体系 让运动更快乐
五岁：启发运动兴趣，启蒙集体观念养成运动习惯；6～7岁：建立纪律意识，培养互帮互助、独立自主的性格；8～9岁：强化个人技术、增强团队意识、尊重对手；10～11岁：强化体能训练、着眼技能训练、强化团队协作意识；12～16岁：融入体能专项训练、加强战术分析内容</td><td>周六、周日
09：30—11：00</td><td>880元/10节
（有效期90天）</td><td></td></tr>
</table>

6. 教练简介

游泳教练

韦跃：国家高级教练员、国家职业技能鉴定考评员（游泳），从事游泳、游泳救生等教学工作。主要研究方向为游泳教学与训练等。曾任国家队教练，培养出数名破世界纪录的世界冠军。

黄建东：曾获多次世界冠军、国际级运动健将头衔，现为国家职业资格游泳救生考评员、培训师、游泳高级社会指导员、高级救生员、国家一级游泳裁判员，广东省体育职业学院竞技体育系游泳高级教练员。

篮球教练

张江霞：国家一级教练员，从事篮球专业教学训练、青少年业余培训、培训出数名全国冠军、运动健将。1990—1998年广东省体工队篮球专业运动员，曾多次代表广东队参加全国女子篮球甲级联赛并参加了第八届全运会女子篮球比赛。

张德洋：中国篮球协会E级教练员培训讲师、东莞新世纪篮球俱乐部青年男子篮球队教练，现任广东体育职业技术学院男子篮球队主教练国家级篮球裁判员。

7. 报名及下发培训开课通知

根据培训的报名及课程要求，下发培训开课通知，开课通知必须明确培训的具体时间、培训教室的地点、参训人员需准备的用具等。一般开课通知提前3～5天发布。

8. 准备培训场地及设施

游泳馆、篮球馆的设施检查、安全隐患的排查工作等。

9. 培训地点指引、培训签到及资料发放、培训前的会议准备、培训过程的监控

对于培训地点要有明确的路标指引或者图例说明，同时要提前准备好培训的资料，制订考勤方案，并全程追踪录像。

10. 培训评估及考核

为在培训过程中表现突出的学员颁发荣誉证书。

11. 培训效果的分析及总结

每年举办4期培训班，分别是春季培训班、秋季培训班、寒假培训班和暑假培训班。自2015年广州市天河区旭日青少年俱乐部成立以来，围绕全面育人的宗旨，共举办了几十期培训班，形式多样，向广大青少年传授体育运动技能并挖掘培养具有运动天赋的体育人才，已经培养了千余名青少年学员；培养了青少年体育兴趣、爱好和终身体育锻炼的习惯，形成健康的生活方式，培训效果受到学员与家长的一致好评，获得了广东电视台、广东电视教育频道、广州日报等多家媒体的关注与报道。

第七章

冬夏令营的策划与推广

本章导读

冬夏令营主要是针对大中小学生开展的专项培训活动。本章介绍了冬夏令营的概念及培训内容以及其策划和推广等方面的内容。通过对本章内容的学习，可以掌握冬夏令营的策划与推广技术，为我国大中小学生提高身体素质、培养体育兴趣做出贡献。

教学目标

- 了解冬夏令营的概念及具体培训内容
- 探讨冬夏令营的策划与推广的发展方向

学习内容

- 了解冬夏令营的意义
- 掌握冬夏令营的策划与推广的方法

第一节　冬夏令营概述

一　冬令营

（一）冬令营的概念

冬令营是指在冬天组织的很多人一起旅游和训练的活动，可以磨炼参加者的意志，训练参加者的野外生存技能，锻炼和发展参加者的人际关系。近几年，随着冬令营的逐渐兴起，越来越多的家长选择在寒假把孩子送往营地。随着体育事业的发展，除了野外生存技能以外，很多体育项目也在开展训练营，例如足球、健美操、啦啦操、爵士舞、瑜伽等。

（二）冬令营的分类

冬令营分为国内冬令营和国际冬令营。国内冬令营又分为英语冬令营、军事冬令营、国内游学营、减肥营、体育拓展营、综合素质营等；国际冬令营分为美国冬令营、澳洲冬令营、英国冬令营、欧洲冬令营、新加坡冬令营、韩日冬令营、加拿大冬令营、潜能训练营、学习方法训练营等。

（三）体育冬令营的训练内容

体育冬令营对许多家长来说比较陌生，其实体育冬令营是以体育运动为特色的一种新形式的冬令营，包括足球、篮球、游泳、羽毛球、跆拳道等运动形式，其以运动技能培训为主。体育冬令营通过专业教练的教授，使孩子们能够基本掌握该项目的运动技能，让孩子有机会接受专业的运动训练，系统地学习该项目的运动知识，并逐步养成终身锻炼的习惯。以下列出六项仅供参考。

1. 田径训练内容

（1）主要针对各专项技术、专项素质及专项能力进行重点突破训练。

（2）根据不同专项制定独立而科学的专项训练计划进行训练。

专项包括：100m、200m、400m、800m、1500m、100m栏、110m栏、400m栏、跳高、跳远、三级跳、铅球、铁饼、标枪。

2. 羽毛球训练内容

针对羽毛球专项考试项目技战术、专项素质、考试技巧和心理进行训练。

3. 乒乓球训练内容

针对乒乓球专项考试项目技战术、专项素质、考试技巧和心理进行训练。

4. 篮球训练内容

针对篮球专项考试项目技战术、专项素质、考试技巧和心理进行训练。

5. 武术训练内容

以武术专项考试项目，专项素质、临场经验、考试技巧、武术套路（一拳一械）的能力全面提升为主，有针对性地突破个体项目难关，达到专项训练的科学化。

6. 足球训练内容

针对足球专项考试项目技战术、考试技巧和心理训练为主。

二 夏令营

（一）夏令营的概念

夏令营是暑假期间提供给儿童及青少年的一套受监管的活动。这种活动寓学习于娱乐，具有一定的教育意义。不同种类的夏令营提供不同的活动，例如有些提供户外拓展训练，以训练体能和团队精神；有些则提供语言、艺术、音乐等的训练。

以往大多数夏令营是由教育机关所赞助，然而现今越来越多私人单位举办营队活动。过去营队只开放给来自特定学校或特定地区的学生，近几年营队活动已经开放给来自不同成长背景及各地区的小孩。另外还有对中文与中华文化有兴趣的国外学生专门开设的营队课程。

（二）夏令营的主题

夏令营主要包括励志、学术、探险、艺术、科技、体育、军事、心理、素质拓展九个主题。

1. 励志主题

励志夏令营让孩子在夏令营活动当中得到家庭和学校不同的锻炼和经历，让孩子的综合素质得到提高。在夏令营活动中哥哥姐姐丰富的学习经验可带动弟弟妹妹学习的成长，让他们找到适合自己的学习方法。这是朋辈教育的理念，在很多励志夏令营中提出了朋辈教育这个概念。通过参观著名大学，激发出他们内心的斗智，不断努力向前。

2. 学术主题

以学生升学辅导为主题的学术夏令营通常针对初高中学生，高中生不仅可以预先体验大学课程以及学校生活，还可从讲座中了解上大学所需的准备工作。

3. 探险主题

探险夏令营可以是以环保为主题，例如去美国佛罗里达研究海洋生物的生存状况；也可以是生存技巧和能力训练，如打猎、冲浪等；还可以是特工、间谍主题活动。不同的挑战程度适于不同年龄段参与者，从6 岁小孩到成人都可找到适合自己年龄段的项目。

4. 艺术主题

电影、音乐、传媒等均是艺术类主题夏令营的内容，成员可根据兴趣选择。这些活动主要是以培养兴趣为主，通常针对10～16岁学生开设。

5. 科技主题

科技夏令营的活动主要围绕电子信息技术展开，设有网络游戏设计、手机应用开发等项目可供选择，7～17岁学生均可参加。

6. 体育主题

体育夏令营内容不仅涵盖了各项体育运动，如足球、篮球、网球、游泳等，而且包括啦啦队主题夏令营、飞行夏令营等刺激的活动。

7. 军事主题

通过全方位、立体化、直观性的夏令营交流活动，使学生更深刻地懂得人生的意义，进而努力奋斗，实现理想。有思想品德和军营生活的养成教育；引导营员敢于面对困难和挑战。

8. 心理主题

以培养和促进孩子的心智成长为目标。

9. 素质拓展主题

这种主题的夏令营为孩子们提供拓展视野、锻炼意志品质、形成优良习惯、挖掘心理力量、坚持不懈直至成功的机会，并让青少年在团队中磨炼、在磨炼中体验，在体验中成长，在成长中感恩，在感恩中励志，在励志中收获。

三 冬夏令营的意义

冬夏令营活动是实施素质教育的有效途径，是开展未成年人思想道德教育的重要渠道，是学校教育和家庭教育的良好补充，能让学生通过一种不同于学校和家庭的生活，尝试到一种全新的生活体验。在冬夏令营一起训练的过程中，每个孩子都能积极参与，获得很大的乐趣和帮助，这是书本上和课堂上所没有的，可以提高学生自理自立的能力。冬夏令营活动父母不参与，由孩子们自主进行自理生活，这对于终日被娇生惯养的“小皇帝”“小公主”来说，是一次很好的锻炼机会。所以参加过冬夏令营的学生，其自理能力普遍得到了提高，这对他们的成长也是很有益处的。

冬夏令营培养了学生团结协作的精神。冬夏令营里是几十个孩子聚在一起，同吃同住，真诚互动，这无疑是培养他们团结协作精神的最佳场所。冬夏令营活动的特点是一种体验，它使学生融入社会的大课堂。冬夏令营活动中安排了众多的校外体验活动。冬夏令营活动对久居都市的儿童是一次很好的提升自我能力的活动。在城市里长大的孩子没有接触到自然的生活环境。让孩子参加冬夏令营活动能够促进孩子身心的健康发展，孩子从中能学到很多书本上学不到的东西，增长他们的知识，特别是学会与周围其他人的共处。

冬夏令营是一种很好的教育方式，可以利用它来提高孩子的许多能力，特别是培养孩子吃苦耐劳的精神。这是都市里很多孩子所缺乏的。冬夏令营的问世，为都市孩子提供了一个优质的锻炼平台，这也是社会文化教育发展的必然产物。

第二节　冬夏令营的策划

近年来冬夏令营在我国迅速发展起来，那么如何科学地策划一场冬夏令营成为热点讨论话题。活动说明、活动思路、前期的准备工作等都是策划一场冬夏令营的重要因素。下面让我们一起看看如何科学地策划一场冬夏令营吧！

一 活动说明

活动说明主要包括活动名称、活动主题、活动时间、活动地点、活动对象、活动人数的限定、活动费用、报名方式及报名截止时间。

（一）活动名称

活动名称尽量写得简洁、时尚、有内涵，应主题鲜明，让人一目了然，容易记住，不会给人带来视觉上的疲劳，比如与世界同步成长——2018×××国际游学夏令营、2018××军校“我更强”冬令营、卓领天下“青少年脑力特训营”、开启大脑潜能创造无限可能等活动名称。

（二）活动主题

说明本次活动的主旨是什么，想要达到什么效果、宣扬什么、崇尚什么等。

（三）活动时间

说明冬夏令营的具体活动时间，让参与活动者有所准备。

（四）活动地点

说明活动的具体地点，是室外还是室内场所。如××篮球俱乐部冬令营的训练场所为××大学篮球馆，××足球俱乐部夏令营的训练场地为大学足球场。也要说明行车路线、酒店情况以及餐饮的相关情况等。

（五）活动对象

说明参与冬夏令营营员的年龄范围、身体条件要求。

（六）活动人数的限定

说明是否有人数的限定，以免出现人数过多而准备不充分的情况。

（七）活动费用

说明报名参加的学员需交的费用、费用的用途等。

（八）报名方式及报名截止时间

说明活动的详细报名方式。

短信报名：发送个人信息（姓名+电话+年龄等）到指定号码进行报名。

电话报名：拨打指定号码进行登记报名。

微信报名：添加微信号或者微信公众号，登记个人信息（姓名+ 电话+年龄等）进行报名。

说明报名的截止时间，以免有兴趣参与的学生错过报名时间。

（九）特别说明

食宿方面的解决方法、请假方式、保险的购买、退费的规则等。

二 活动思路

冬夏令营策划的活动思路包括时间线和活动线两部分内容。

（一）时间线

冬夏令营根据计划的总体时间制定时间节点以及每个时间节点的工作与任务，合理分配时间，并且制定整个冬夏令营活动安排的具体时间。

（二）活动线

与时间线相结合，制定冬夏令营的具体活动安排，让学员清晰自己每个时间段的活动安排。先是前期活动的宣传以及前期工作的准备，而后是开营仪式与主题活动，再是结营与活动效果的评价，最后是冬夏令营的后期结束工作与推广。例如"阳光少年行：岛趣体验夏令营活动"思路。

第一阶段：时间为7月20日至8月9日；活动是前期活动宣传，销售邀约客户，销售统计人数、采购物品、接机准备。

第二阶段：时间为8月10日；活动是开营仪式、接夏令营营旗、拍照留影、宣布开营、破冰活动。

第三阶段：时间为8月11日至8月13日；活动为夏令营的主体活动、结营。

第四阶段：时间为8月14日至8月21日；活动软文宣传、活动效果评估、成长历程——把光碟和效果反馈寄送给客户。

三 前期工作准备

前期工作准备主要有确定活动名称、确定活动主题、明确活动目的、确定活动内容、确定活动组织形式、活动环境的设置、活动评价构建、招生工作与前期宣传、确定参与人数九个方面。

（一）确定活动名称

冬夏令营的主体活动都是通过名称而表达的。如20××年××健美操俱乐部冬训营，主体活动是关于健美操的冬训。所以第一步需要确定活动的名称。

（二）确定活动主题

每一个冬夏令营都需要有一个相符的主题，主题应当简洁、清晰，让人能够快速记住。如：我运动我快乐，我收获我健康。

（三）明确活动目的

冬夏令营的活动目的是非常重要的，活动目的应与活动的主题、活动的内容、活动时间的范围相对应。如青少年户外生存拓展夏令营的目的是综合提高青少年身心素质；但夏令营的最大特点是能让青少年感受到运动的快乐，在玩乐中学到知识，并增强智力与非智力的能力，所以从娱乐性、情感性、运动知识与运动技能四部分来设计。娱乐性即开心快乐地进行学习，能在没有压力的情况下积极参与任何项目的训练；情感性则是体验运动带来快乐的情感，提高对体育运动的兴趣，另外还注重培养青少年的创新思维和集体合作能力，锻炼独立思考和处理应急问题的能力，健全人格，树立正确的价值观；掌握正确的运动方法，养成良好的运动习惯，适量运动，避免因不正确的运动方式而造成运动损伤，学会基本的运动知识。走、跑、跳、投是体育运动的四个重要基本技能，但是夏令营的封闭性和独立性有它本身特殊的地方，坐、卧、立、爬这些学校没有开展的技能，在夏令营里也应该受到很好的锻炼。

（四）确定活动内容

冬夏令营应该利用自身的特色来吸引广大学生，所以冬夏令营的活动项目必须新颖、富有创意，并且要有亮点。从快乐学习的宗旨出发，根据场地资源把已有的项目进行创新，或者直接创新。效果好的项目可以做出品牌项目，建立自己的项目资料库，方便以后冬夏令营的开展。如华南师范大学健美操冬训营开展了健美操、有氧舞蹈、素质提升三个项目课程。健美操是一种受广大群众喜爱的、普及性极强的有氧运动，它集体操、舞蹈、音乐、健身、娱乐于一体；有氧舞蹈是配合音乐有节奏地舞动的有氧运动，有氧舞蹈一方面能消耗较多的热量，另一方面能把许多舞蹈动作健美操化，通过有氧健美操的锻炼形式，反复地进行组合练习。素质提升是全面提升身体素质，提高力量、速度、耐力、灵敏、柔韧等机能，提升运动能力、身体协调能力、核心稳定能力。

（五）确定活动组织形式

体育类冬夏令营可以根据报名人数或组织者的人手，选用大班或小班体验的组织形式；可以根据基础层次的不同进行分班，也可以根据不同的项目混合运用。可以分成小组进行竞争，通过共同协作的方式进行学习的活动体验，有效提高学生的积极性。

（六）活动环境的设置

冬夏令营活动环境的设置由硬性环境和软性环境组成。

1. 硬性环境

硬性环境主要是冬夏令营活动的场所和设施，冬夏令营活动要根据已有的资源对可以开展的项目进行合理选择与开发，如游泳、攀岩肯定要到游泳池、攀岩场这样专业度比较高，设备比较齐全的场所。但是，除了专门的技术需要情况下，还可以灵活地改变活动的场所与设施，如摔跤不一定要在闷热的武术房进行，可以到户外草地上进行，在确保安全的情况下进行创新。另外，在冬夏令营的训练中不应该害怕小伤小痛而畏首畏尾，要把怎样处理小伤小痛也列入活动项目之中，培养学生的忍受能力，锻炼学生坚强的意志。

2. 软性环境

在硬性条件的基础上，依据快乐学习的思想，冬夏令营活动应该创造积极向上的活动氛围，创设娱乐性强、学员喜欢的情境。比如在游泳中，组织寻宝游戏，把真实的钱抛入水中，让学员自由寻找，找到就归他所拥有。设计抛入不同额度的硬币，增强了游戏的不确定性和刺激性，最后给寻到最多的学员颁发“寻宝王”的奖状。这种物质与精神双管齐下的奖励，可以充分调动学员的积极性，增添娱乐性。在健美操的训练营课堂中，也可以通过游戏的方式建立轻松、愉快的训练情境。如组织往返跑接力比赛游戏，按学员人数平均分配组员人数，对于输的队伍规定做上肢力量、腰腹力量或者下肢力量练习作为惩罚，对于胜利的队伍实行奖赏。游戏规则为每人需在原地转10圈大象鼻子，转完后跑到往返跑规定的底线，触碰到底线后再跑回原地与下一个人击掌接力，击掌后下一个人才能开始继续游戏。这样的接力比赛有利于发展各学员之间的团队合作能力，培养积极的参与态度，还锻炼了学员的体能，使得学生能快乐自主地进行锻炼。

（七）活动评价构建

学生学习情况的评价是冬夏令营课程教学过程中不能缺少的一个重要环节。评价什么内容，如何去评，都关乎学生的长期发展。评价体系要注重学生的个体差异，不能单一地采用定量的评价方法，评价方法要多样化。

1. 构建体系的主观评价

主要考察的内容如下。

①能否提高学生解决问题的能力（毅力、坚强、公平、谅解等）。

②能否适应生活上的变化，提高自身的适应能力（自控能力、个人探索精神、竞争意识、把握时机、创新意识、进取心等）。

③能否在实践中拥有团队合作精神（人与人、人与社会、人与自然之间的联系）。

④能否提高学生的受挫能力，减轻心理负担（建立自信、减轻压力等）。

2. 构建体系的客观评价

对可量化的目标应该进行时刻评价，检验是否达到具体目标，并有针对性地进行调整。

3. 冬夏令营反馈评价

在冬夏令营结束的时候，应该对整个冬夏令营的开展做一个整体的评价，以便总结经验，积累素材，建立资料库，方便以后开展工作。评价的具体内容如下。

①教练对队员的评价

教练对队员在整个冬夏令营期间的表现进行打分，是否达到夏令营的训练目标。通过对队员每天的表现进行打分，教练员能够及时发现学生在每一天活动中的不足，从而及时调整训练的方法，使学生能够不断进步，最终达到预期的目标。还可以把每天的分数进行汇总评比出优秀学员，以激励学生以更大的兴趣和热情投入到活动中。

②家长对队员的评价

通过将学生参加冬夏令营之前的身体素质、精神状态以及个人修养与参加之后进行对比，家长是否能发现有明显的提高。这也是家长对冬夏令营训练效果的直接反馈。

③队员对教练的评价

冬夏令营的学员对教练的教学态度、教学方法进行评价，能够使教练意识到自己的不足以及改正自己的方法，从而及时调整活动的安排，以便收到更好的教学效果。

（八）招生工作与前期宣传

招生工作是极其重要的，生源的数量与冬夏令营的开办息息相关，所以在招生过程中应做好大量的前期宣传工作。宣传的内容应与冬夏令营的活动内容紧扣，展现该冬夏令营的优秀成果、优秀团队、自身特色等，以吸引人们的眼球，让人产生强烈的参与兴趣。宣传的方式避免单一，应该多样化。如今网络的力量是强大的，在短信群发、电话邀约、邮件通知等传统宣传方式的基础上，可以充分利用网络来进行宣传，通过微信群发消息、QQ群发消息、微信公众号、微博、合作门户网站和自有网站展开冬夏令营的推广宣传，间断进行活动同步更新，保持关注度，让更多的人看到宣传消息。

如2018练盟全国青少年篮球冬令营招生简章中，对训练营的理念、训练营特色、教练团队及教学方式、安全保障、劳逸结合的训练方式以及对家长的开放做了详细的介绍，并以多种方式进行宣传，具体如下。

（1）训练营理念：广州萌芽篮球训练营（练盟）采用当前美国NBA最先进最科学的青少年阶梯式篮球训练方法，结合我国青少年的生理特点制定了一套最适合我国青少年的体能和技能的训练大纲。在这里，不仅可以接受正规又系统的篮球战术培训，还能开阔眼界、锻炼意志，培养坚韧不拔、自强不息的优秀品质，从而使学员们能够从容克服各种困难，以一种挑战者的姿态，昂首进入当今竞争社会。打造广东省专业化氛围最浓的篮球训练营！军事化的训练场所，培养孩子严谨的纪律自制力！与奥运冠军国家队队员毗邻，给孩子树立积极、向上的榜样！

（2）篮球训练营特色：①科比训练营教练团队，由练盟篮球训练营教练团队、CBA退役球员、二沙岛国家队训练基地专职教练、广州体育学院以及华南师范大学的多名篮球专业教练及老师执教，教练组均具备国家一级、国家二级运动员水平，具备出色的篮球技术、众多比赛经验和多年的青少年培训教学经验。②亚运会中国男篮比赛场地，训练环境全国领先，CBA专业比赛弹性地板，超大屏幕直播训练、中央空调、无影灯光、更衣室、洗手间。休息室配套完善5000观众席，容量充足。

（3）教练团队及教学方式：①卓越的教练团队包括练盟篮球训练营教练团队、CBA退役球员、二沙岛国家队训练基地专职教练、广州体育学院以及华南师范大学的多名篮球专业教练及老师执教。②采取分班教学形式，根据每名营员的身体素质和技术水平，训练分为初、中、高级班和专项班，针对每位营员的特点进行专业个性化教学，课程辅以不同形式的身体素质练习，提高篮球运动所必需的速度、灵敏、耐力、柔韧、力量以及协调能力，在集体活动中培养团结协作的能力。

（4）全方位安全保障：训练馆服务人员、工作人员全程监护；活动时确保大家都参加；教练员全程指导训练。

（5）专业训练、练盟联赛劳逸结合：参加青少年练盟篮球联赛；M V P(每期一名）奖励价值3000元篮球大礼包（高端NIKE篮球鞋+高端耐克防撞护臂+正版耐克手环2条+推荐二沙岛广东宏远青少年篮球队+荣誉证书)；优秀学员推荐二沙岛广东宏远青年篮球队+CBA佛山龙狮男篮俱乐部+东莞新世纪男篮。

（6）家长近距离了解情况：鼓励家长每次陪同、参与、了解孩子活动情况，营地针对家长有条件地开放，家长可以近距离了解孩子们的训练情况。

（7）在宣传方式上采用了网站信息更新，置顶最新的冬令营招生简章，公示微信、QQ的二维码，制作了微信、微博、QQ、QQ空间的转发链接，并且通过微信公众号的方式进行了宣传。

（九）确定参加人数

在招生工作展开之后，应时刻注意报名人数。截止到最后的报名时间，统计最终报名人数和个人信息，以便更好地安排食宿、场地、设施等工作。如2018练盟全国青少年篮球冬令营对住宿和走训的学生制定了不一样的营地报名要求、不同的交费标准，对需要住宿的学生安排在大学城校区进行训练，发放全套装备（包吃包住，送全套队服，每天4次训练：8～9小时），安排的公寓环境安全卫生，2～4人一间，房间配备洗漱用品，空调、电视、WiFi，吃、住、训练直径50米范围内，军事化管理，24小时轮流值班。

四 开营

开营包括开营仪式，活动具体行程安排和结营。

（一）开营仪式

冬夏令营的第一天为整个活动的开营。开营仪式的流程包括：

（1）学员签到，领取关于本次冬夏令营的相关物品（如衣服、帽子、营徽等）；

（2）冬夏令营的负责人宣布活动正式开始；

（3）冬夏令营的教练介绍活动内容、各带队老师，说明注意事项；

（4）仪式结束，合影留念，冬夏令营活动正式开始。以下是"阳光少年行岛趣体验夏令营活动"开营仪式活动流程。

"阳光少年行岛趣体验夏令营活动"开营仪式活动流程（范例）

序号	时间	项目	内容
1	9：00—9：30	嘉宾签到，发放、更换营服准备开营	登记到场参与的青少年，发放营服、徽章、帽子等系列夏令营物品，工作人员检查参与人员是否带齐装备
2	9：30—9：35	活动开始	主持人上场，宣布活动正式开始；介绍到场主要领导、嘉宾
3	9：35—9：40	领导致辞	主办方领导致辞
4	9：40—9：50	活动介绍	教练介绍夏令营活动内容、随队医生、带队老师
5	9：50—9：55	青少年代表讲话	青少年代表讲话
6	9：55—10：00	开营仪式正式开始	领导共同触摸启动球，夏令营开营
7	10：00	仪式结束	仪式结束，拍照留影，夏令营活动开始

（二）活动具体行程安排

制订详细的计划，对冬夏令营的总时间有个把握。冬夏令营的具体行程安排应该详细到每天的每个时间段，并详细安排每个时间段里的任务、活动内容。体育类的冬夏令营可以根据总体时间、各学员基础层次来划分班级和训练阶段，再根据每个阶段计划完成的任务来安排具体的训练内容，根据每个阶段的积累，最终达成预期目标。在结营当天应当进行测试，通过测试结果来检验这一期的冬夏令营训练各学员有何提升。

如练盟全国篮球集训营的行程安排中，根据基础不同的学员制定了不同的训练内容并且制作了详细具体的行程安排。

首先划分了基础班和提高班两个层次的班级。

基础班：挖掘孩子的运动潜力和篮球运动天赋，科学的篮球训练使孩子长高并强身健体，以及掌握篮球基本技术。其分阶段的训练内容如下：

阶段	训练内容
第一阶段	1. 讲解在篮球场上的正确姿势（包括有球的姿势、无球的姿势、接球的姿势等） 2. 手正确地接触球的部位（投篮的接触部位、传球的接触部位等） 3. 讲解篮球的基本规则 4. 培养篮球理念 5. 互动有球、无球的训练 6. 个人的身体素质训练
第二阶段	1. 正规运球：包括原地的体侧运球、交叉运球、高低运球等 2. 互动篮球 3. 运球对抗训练（初级） 4. 熟悉球性训练 5. 行进间的运球训练 6. 个人的身体素质训练
第三阶段	1. 正确的投篮训练 2. 投篮方式训练 3. 三步上篮训练 4. 行进间的投篮、上篮训练 5. 对抗性投篮、上篮训练（初级） 6. 个人的身体素质训练

续上表

阶段	训练内容
第四阶段	1. 传接球的正确动作及发力 2. 多种传球训练，包括正规的传球方法、方式。如双手胸前、单手胸前、单手体侧、双手胸前击地、单手击地、脑后传球、背后传球、长传等 3. 行进间的传球训练 4. 对抗传球训练（初级） 5. 传接球投篮训练 6. 个人的身体素质训练
第五阶段	1.讲述篮板球的理论 2. 篮板球的基本姿势 3. 争夺篮板球的方式、方法 4. 初级的对抗篮板球训练 5. 投篮后的自抢篮板 6. 篮板球的身体素质训练
第六阶段	1. 无球状态的基本姿势 2. 接球瞬间的姿势 3. 初级无球状态的对抗 4. 初级接球后的对抗 5. 站位接球的初级动作 6. 无球状态的身体素质训练
第七阶段	1. 防守理念的培养 2. 防守的基本姿势 3. 初级的防守步伐 4. 防有球队员的防守基本姿势及理念 5. 防无球队员的防守基本姿势及理念 6. 防守的身体素质训练
第八阶段	1.初级综合性训练 2. 培养集体意识 3. 增强对抗性训练 4. 初级行进间的有球配合 5. 讲解初级进攻时注意的问题 6. 集体的身体素质训练

续上表

阶段	训练内容
第九阶段	1.初级进攻配合 2. 初级防守配合 3. 行进间的无球跑位 4. 初级局部的多打少训练 5. 初级局部的少打多训练 6. 初级的综合防守训练
第十阶段	1.综合运球对抗训练 2. 综合传球对抗训练 3. 综合进攻对抗训练 4. 综合防守对抗训练 5. 综合篮板球对抗训练 6. 综合身体素质训练

提高班：以专业科学的训练方法，培养运动员的专业技能，高强度的专业训练是一个热爱篮球青少年最好的选择和难忘的体验。

身体素质训练方面有以下方法：移动速度、防守滑步速度、防守补防意识及速度、运球推进的速度、连续变向速度、手臂动作速度（断球速度、传球速度、投篮速度）等200 种高强度速度练习方法。相对力量练习、最大力量练习、对抗力量练习、爆发力练习、专业弹跳练习、专业摸高练习、专业灌篮训练、移动急停跳起练习、抢篮板对抗跳跃能力练习、快速欧元脚步练习等百种专业弹跳练习方法。其分阶段的训练内容如下：

阶段	训练内容
第一阶段	1. 正规运球：包括原地的体侧运球、交叉运球、高低运球等 2. 互动篮球 3. 运球对抗训练（高级） 4. 熟悉球性训练 5. 行进间的运球训练
第二阶段	1. 正确的投篮训练 2. 投篮方式训练 3. 三步上篮训练 4. 行进间的投篮、上篮训练 5. 对抗性投篮、上篮训练（高级）

续上表

阶段	训练内容
第三阶段	1. 传接球的正确动作及发力 2. 多种传球训练，包括正规的传球方法、方式。如双手胸前、单手胸前、单手体侧、双手胸前击地、单手击地、脑后传球、背后传球、长传等 3. 行进间的传球训练 4. 对抗传球训练（高级） 5. 传接球投篮训练
第四阶段	1. 篮球的基本姿势 2. 争夺篮板球的方式、方法 3. 初级的对抗篮板球训练 4. 投篮后的自抢篮板球 5. 篮板球的身体素质训练
第五阶段	1. 防守理念的培养 2. 防守的基本姿势 3. 初级的防守步伐 4. 防有球队员的防守基本姿势及理念 5. 防无球队员的防守基本姿势及理念
第六阶段	1. 高级综合性训练 2. 培养集体意识 3. 增强对抗性训练 4. 高级行进间的有球配合 5. 讲解高级进攻时注意的问题、1对1训练、半场3对3、5对5比赛，以及速度、弹跳、力量、爆发力等较高强度的素质训练

具体的行程表

	6：30	9：00—11：30	14：30—17：00	17：00—18：00	18：00—19：00	19：00—21：00
第一天		报到测试	常规训练	晚餐	开幕式	练盟联赛
第二天	早训	实战训练	技巧训练	晚餐	文化课	战术训练
第三天	早训	基本功训练	练盟联赛	晚餐	篮球课堂	友谊会
第四天		练盟联赛	常规训练	聚餐	NBA球星课堂	休息
第五天	早训	训练	练盟联赛	晚餐	互动活动	训练
第六天	早训	训练	练盟联赛	晚餐	景点游	练盟联赛
第七天		NBA球星	NBA球星	晚餐	战术课	练盟联赛
第八天	早训	训练(单打王)	对抗赛	晚餐	休息	战术训练

续上表

	6：30	9：00—11：30	14：30—17：00	17：00—18：00	18：00—19：00	19：00—21：00
第九天		投篮王	单打王	晚餐	文化课	技巧王
第十天	早训	扣篮大赛、MVP总决赛	离营指引	离营指引	离营指引	离营指引

（三）结营

冬夏令营的结束应该是伴随着相应活动成果的。在体育类的冬夏令营中，应该在结营当日对学员进行一次测试，如力量、技术技能的掌握程度以及个人的自我展示。让学员对自我进行一次总结，包括通过本次活动获得了什么（如技术技能、友谊等），抑或是总结自己的不足之处，并且对于收获的东西要保持住、不足的地方要找到办法去完善。教练与学员之间需要互评，教练对各位学员进行评价，让学员充分认识到自己的优缺点，以帮助学员更好、更快地成长。学员对教练员的评价有利于教练员教学方式的改进，帮助教练员在职业生涯上更进一步。

第三节　冬夏令营的推广

冬夏令营活动结束后，应及时整理活动过程中所拍下的照片以及有用的资料，作为后期宣传与推广的素材。宣传与推广的手段应该多样化，多样化的推广手段可以收到更好的效果。推广主要有以下三种方式。

（一）通过各媒体迅速发布软文，传播活动举办现场实况和活动意义

（1）微博渠道：新浪微博、腾讯微博、网易微博。

（2）门户渠道：新浪家居、搜狐家居、搜房、爱房网、网易房产等。

（3）论坛渠道：新浪网、天涯社区、网易论坛、搜狐社区、猫扑等。

（4）视频渠道：优酷视频、56网、土豆网、爱奇艺、腾讯视频、搜狐视频、酷6网等。

（5）新兴视频APP：美拍、哔哩哔哩、抖音等。

（6）聊天软件：QQ、QQ空间、微信、朋友圈、微信公众号等。

（二）回味感动

（1）冬夏令营活动结束后，将活动效果的评估反馈给客户，一并送上组织者限量的冬夏令营纪念品，可以在上面印上本次活动的主题、项目的LOGO和相关元素，

作为以后延续性的留念。

（2）可以将本次活动中学员们的精彩瞬间（欢声笑语、汗流浃背的模样、积极参加活动的状态和感动时光）刻录成一份光盘送给客户，并且在光盘上留有各成员的名字信息，让这段难忘的时光历久弥新，成为一份珍藏的回忆。

（三）实地推广

（1）在学校门口派发传单。根据学生的情况派发不同的宣传单，宣传单的创作应该突出冬夏令营特色，符合学生的特点，以便吸引学生的眼球，也需要强调活动的安全性。

（2）向学生赠送实用的随时可见的小礼品，例如扇子、圆珠笔等，上面印有冬夏令营的特色和宣传员的联系方式。也可以通过校方进行宣传，比如请老师推荐等。

思考题

1. 夏令营和冬令营的后期推广包含哪些内容？
2. 如何结合现代“互联网+”模式宣传夏令营和冬令营？
3. 说说你身边成功的夏令营和冬令营范例。

第八章

体育用品销售店

本章导读

本章介绍体育用品销售店的经营体系和利润管理等内容，使学生能够对体育用品的经营管理活动有全面的了解，并为今后独立创业积累专业知识和实践能力。

教学目标

- 了解体育用品的基本分类
- 探讨体育用品销售店的经营与管理的发展方向

学习内容

- 体育用品销售店经营与管理的经营体系
- 体育用品销售店经营与管理的经营理念
- 体育用品销售店经营与管理的利润管理

第一节　体育用品市场概述

一　体育用品市场概念

市场属于商品经济的范畴，是一种以商品交换为内容的经济联系形式。体育市场从广义上可以理解为全社会体育产品的交换活动、交换关系的总和。它不仅包含体育服务等无形产品的交换活动，还包括和体育有关的有形产品的交换活动。

体育市场的要素包括体育产品消费者、体育产品的生产者、体育市场的中介组织、体育市场法规体系。

体育用品市场是指为体育活动提供必要的场地、设施、器材、用具、服装、鞋帽等实物的市场。这是目前体育市场中最活跃的市场，也是消费量最大的市场。随着参加体育活动的人群的不断增长、科学技术的不断进步，体育用品的种类将不断增多，体育用品市场也将呈逐年扩大趋势。

二 体育用品的基本分类

体育用品主要包含体育器材设备、运动服装、运动鞋和运动装备四大类。

（一）体育器材设备

（1）竞赛器材。竞赛器材由比赛器材（分为公共器材和个人器材）、场地器材、裁判器材三部分组成。

（2）训练、健身、康复器材。其中训练器材主要用于训练场馆、健身房，以提高身体素质和专项素质为目的。

（3）民族传统体育器材。主要包括太极剑、刀、棍等。

（4）体育休闲运动器材。主要包括足球、篮球、排球、乒乓球、羽毛球、网球等。

（5）棋牌类用品。

（6）体育科研测试仪器。

（二）运动服装

运动服装主要包括比赛服装、领奖服装、运动休闲服装。比赛服装是指运动员参与体育比赛时必须穿着的服装。不同的项目有着不同的服装。竞赛规则对其有着具体的要求：要符合运动项目的特点，利于运动员发挥水平；具有保护作用；便于区分双方队员；有着鲜明的视觉效果；有一定的艺术感等。领奖服装是指在比赛中的入场、领奖和其他非比赛场合的着装，其特点是庄重、大方、鲜艳、活泼。以上这些服装一般是统一穿着，反映一个国家、地区、运动队的精神风貌。运动休闲服装是指人们在户外活动、休闲、娱乐时所穿的服装，特点是宽松、舒适、生活化、时装化，具有时代感。它是运动服装与生活服装结合的产物，并日益成为人们的日常生活着装。

（三）运动鞋

运动鞋是供给人们运动、旅游、户外活动时所穿着的鞋类。主要分为专项体育活动用鞋和旅游休闲鞋两类。专项用鞋是根据不同运动项目的特点对运动鞋的特殊要求而制作的，以达到增强运动能力、保护足踝的目的。旅游休闲鞋是运动鞋和日常用鞋结合的产物，多用于户外旅游、休闲活动和运动量及运动强度较小的体育活动。运动鞋都要满足舒适、耐磨、防滑、减震、透气、利于排汗等要求。

（四）运动装备

运动装备主要是指运动者在运动场所和户外旅游、休闲活动时所使用的一些用品，主要包括运动箱包和其他运动配件。

三 体育用品的基本特征

体育用品具有商品的一般特征，同时又具有一定的特殊性。

（1）体育用品是一类专业性相对较强的商品，与体育及体育运动、健身密切联系在一起，具有鲜明的体育色彩。它是人们从事体育运动的基本物质条件。

（2）部分体育用品在商品类别上属于生活消费资料，但又不是一般的生活必需品，不是生存型的生活消费资料。它是人们在满足基本生存、生活条件的基础上，主要以追求健康、文明为主的生活方式的消费品，属于发展、享受型的生活消费资料。

（3）许多体育用品与具体体育项目、比赛以及运动技术的发挥密切联系，因此在质量、规格、材料、生产工艺等方面有着较高的要求，并且在使用上也具备一定的专业技术性和专业技巧性。

（4）体育用品的销售规模、范围的增加和扩大与人们的生活水平的提高、收入的增加、生活观念的改变以及人们对体育健身意义的重要性的深入理解、认识等许多主客观因素紧密相关。

第二节　体育用品销售店的经营体系

一 经营的基本理念

经营的基本理念有四点，分别是“以人为本”的经营理念；以体为主，多种经营的观念；为消费者服务的观念以及开发的观念。

（一）“以人为本”的经营理念

“以人为本”是当今商战的重要营销手段之一，包括以“己”为本和以人为本两个方面。

（1）以“己”为本。主要是指对自己内部员工的培训和管理。销售是一种服务，服务是一种人的行为过程，服务质量归根结底要通过员工的形象和行为反映出来，因此员工的气质和服务质量尤为重要。在员工的培训方面，要让每个员工对企业的服务战略及本人在其中的作用有一个深入和全面的认识，提高员工与顾客沟通、销售和服务的技巧，以增强员工的主人翁责任感，从而树立自觉服务的意识。在管理方面，要健全激励机制，多劳多得，要建立高层和员工的沟通机制，使各职能部门之间相互理解、相互支持、团结一致去工作。只有这样才能充分调动员工的工作热情和积极性，才能持久保持服务质量。

（2）以人为本。这里的“以人为本”指视顾客为上帝并要求自己做好服务。导购员要做到以下几点：服装干净、整洁；态度温和、有度；服务不卑不亢；导购时不跟前撵后；主动介绍科技含量高的公司拳头产品，但不要流露出劝购的急切心情，要全面介绍同一类产品的不同款式、质量、价格，让顾客酌情选购。力争做到买前有礼，购后有节，整个流程要做到“问不烦，换不厌”，体现出“以顾客满意为上”的服务理念。

（二）以体为主，多种经营的观念

以体为主，多种经营应体现在两个方面：一是最大限度地满足国家和人民对体育用品的需求；二是在以体为主的前提下开展多种经营。体育场馆、体育协会、体育俱乐部、体育器材厂等从事经营活动都要体现以体为主的原则。开展多种经营，是为了实现“以副养体”，从其他方面刺激体育用品的消费。

（三）为消费者服务的观念

为消费者服务主要体现在两个方面：一是使消费者对体育用品的需求获得最大限度的满足；二是使消费者在选购和使用体育用品的过程中获得最好的服务。为此，必须了解服务对象及其消费特征，按照消费者的需要组织经营活动，并以此为基础确定经营方针和经营战略。同时在了解消费者需求的基础上，还要考虑服务方式、服务质量、环境设施、经营时间、经营内容等相关因素，以消费者为中心，切实做到科学设计、合理安排。

（四）开发观念

一是人才开发。人才开发，就是要善于发现及培养开拓型、进取型的人才，善于对职工的精神资源、智力资源、人际资源进行开发。开发人力资源是实现现代化经营管理的根本措施。二是产品开发。新科学技术革命及信息时代的到来，以及体育社会化的发展，更加显示了开发新产品的迫切性。在以质量求生存的基础上实现以品种求发展，是企业经营的主要途径。新产品开发包括引进新科学技术、开发新产品、增加新系列和改革产品品种。三是资源开发。体育资源包括人力资源（体育专业人才、管理人才、竞技人才及其后备人才）、物质资源（体育比赛场地、器材、设备、能源等），还有信息资源、时间资源、空间资源、资金资源以及科学技术资源，这些都应予以开发。

二 经营方针

经营方针是在一定经营思想指导下，为实现经营目标而组织经营活动的行动指南，是经营思想的具体化。它是根据不同时间、不同环境、不同条件、目标市场、各单位在经营活动中存在的主要问题，有针对性地提出来的，因此，它比经营思想更具有现实性、针对性和适应性。经营方针具有包括如下方面。

1. 经营方向

经营方向是指体育服务方向及体育物质产品发展方向。经营方向要从生产什么、为谁服务、服务重点、服务结构、服务范围等方面考虑。

2. 经营内容

只要经营条件没有发生根本变化，就应维持原有的经营内容。由于我国体育市场正处于培育阶段，经营内容需要按市场趋势来确定。如果生产新产品、名牌产品或者提供新型劳务，产品生产周期较长，则可以制定产品内容不变的方针；反之，则应制定产品更新换代的方针。

3. 经营形式

企业在生产和销售方面，可以确定以销定产、以质取胜、薄利多销、服务体育的方针，也可以调整为试产试销、以质论价的方针，或者确定产品专业化、独家经营方针，还可以调整为综合利用、联合经营、分工协作的经营方针。这些方针的确定和调整从根本上影响着体育产业的经营活动。

4. 服务形式

为了取得更好的效果，对体育物质产品和体育劳务产品的生产和销售，需要辅以其他形式的服务。如围绕产品生产实行零星加工、上门维修服务和增设相应的服务项目。

三 经营战略

经营战略是指根据对经营单位的内部条件和外部环境的分析，确定经营方向和目标，制定较长期的经营决策。其实质就是要保持内外部经营条件的平衡。经营战略具有以下特性。

1. 全局性

确定体育用品销售店的经营策略要从本单位的生存和发展的高度来考虑，要与地区和国家的总体经济发展战略以及体育产业发展战略相一致。

2. 长远性

经营战略的制定应着眼于未来，应使本单位的内部条件和外部环境相适应。如体育人才培养，虽然它的效果在短期内不是那么明显，甚至还会出现暂时的困难，但从长远看，它将带来许多益处。

3. 客观性

体育专用品销售店经营战略的制订是在对周围的客观环境、经营现状进行充分的调查，研究论证后作出的。体育用品销售店经营战略只有符合党和政府的政策法令，符合未来环境的发展趋势，立足于发挥本单位经营潜力的实际，才是可行的。

4. 应变性

经营战略不能消除风险，但成功的经营战略具有承担更大风险的能力。内部的经营条件和外部的经营环境是不断发展变化的，经营战略也应根据情况的变化适时加以调整，以增强适应性和应变能力。

5. 市场渗透发展战略

体育用品经营单位利用自己在市场上的优势，向深度渗透发展。它是在保持原有的基本顾客的同时，利用商品品种、质量、价格等方面的特色，加强广告宣传。开展销售活动，争取开发新的顾客，通过开发商品的深度和广度，保证体育商品质量。为了适应市场变化和消费者需要，不断扩大商品的销售额，提高市场占有率，经营单位可采用增设经营分支机构、开发联合经营等方法，开辟新的市场领域。

6. 重点服务战略

重点服务战略是对某些特定的体育消费者服务的战略，或者是经营特定的商品品种，或者是提供特殊的服务。

第三节　体育用品销售店的进销存管理

一　采购单管理

经营单位要经常对采购单进行分析。采购单分析是进销存管理的一个重要环节。一个订单不管是小还是大，首先它就是一个工程，也是一个复杂的过程。订单管理可以让整个订单所有的事情有根有据，井井有条，有证可查，可以很好地规避不必要的责任，以及减少风险。

采购订单分析的意义在于更好地发挥管理系统的作用和力量，而且把部分整体化，并使各个部分更协调。其直接目的是使系统更有条理，便于运作。采购单管理具体包括以下内容。

1. 规定采购条件

明确备件采购员对供应商的选择、采购物品的质量、需求的满足等负完全责任，并且明确采购领导人员对下属的工作过程和结果负责，采购的备件必须是必需的，且采购的备件必须有计划且适量，不得超储和积压。

2. 明确工作分工

为明确备件采购员的权利和义务，使各采购活动有条不紊地进行，必须对公司的所有采购活动按类别进行明确分工并落实到相应采购员。采购员必须是该类采购物品的内行者，采购员必须不断地学习有关物资和经济管理方面的知识和能力，确保有相关的知识来完成本职工作。

3. 明确采购审批权限

所有采购必须按规章制度所规定的权限执行，不得违规。

4. 验收及监督

任何备件到货后须经质保人员验收。验收也是一个监督的过程，验收者必须核实到货的物品与计划是否相符，到货物品的品种、规格、数量和质量等是否符合采购计划约定之技术质量要求，只有完全合格的备件或经相关部门批准特殊放行的备件才准验收入库。

5. 退货与索赔

为避免损失，采购回来的备件若质量、规格不符，采购员必须立即办理退货；凡检验结果为不合格品的备件，采购员应根据实际情况向供应商索赔或退换货。采购员必须确保公司的利益。

二 采购退货管理

通过仓库和供应商，查询商品，选择所退商品、退货价格以及数量。系统智能识别，不显示库存为零的商品。点击退货，退货成功后，系统自动扣除仓库中所选商品数量。

三 销售管理

在销售的过程中，若有会员消费退货，可以根据会员卡号或会员姓名查询到会员已消费商品，选择退货。默认的仓库为操作员所在的部门仓库。同时输入退货价，以及扣除积分。

思考题

1. 体育用品市场的概念是什么？

2. 体育用品销售店的经营战略具有哪些特性？

第九章

体育俱乐部的财务管理

本章导读

本章对体育俱乐部财务管理制度和财务部门分工管理两方面进行阐述，旨在引领学生正确了解体育俱乐部的财务管理要求，探讨相关知识。

教学目标

- 了解体育俱乐部出纳人员的职责及要求
- 学习体育俱乐部固定资产、库存等方面的内容
- 探讨体育俱乐部财务管理的发展方向

学习内容

- 体育俱乐部财务管理的内容
- 体育俱乐部财务部门分工管理的内容

第一节　体育俱乐部财务管理制度

账务管理一般包括会计人员的工作职责、固定资产管理、存货及材料物资的管理、收入管理、支出及费用报销管理、应收及预付款项管理、合同管理等内容。以下为某体育俱乐部账务管理制度。

总　则

第一条　为规范俱乐部日常财务行为，切实提高资金使用效益，依法组织收入，合理安排支出；健全财务制度。结合俱乐部实际情况开展本次财务出纳日常的工作培训。

出纳人员的职责及要求

第二条 俱乐部分别配备会计和出纳。不得由一人同时兼管会计和出纳业务。出纳不得兼管会计稽核、会计档案保管和收入、支出、债权、债务账目的登记工作。

1. 建立健全现金出纳各种账册，严格审核现金收付凭证。

2. 严格执行现金管理制度，不得坐支现金，不得白条抵库。

3. 对每天发生的银行和现金收支业务做到日清月结，及时核对，保证账实相符。

第三条 对于违反法律、法规、财政、财务规章制度和财经纪律的财会人员，按国家有关规定处理。

资金审批及管理

第四条 所有款项的支付不超过30万元的须经俱乐部法人批准。如果俱乐部法人不在单位，应以电话的方式与其联系，确认是否批准款项的支付，事后请其在支出单上补签意见；超过30万元必须经董事会讨论决定。

第五条 俱乐部人员的费用报销，须经法人代表批准后财务方可报支。

第六条 用于支付各种款项的原始凭证必须保存原件，复印件不得作为原始凭证。如遇特殊情况须经法人代表批准。

第七条 各项收支凭证，必须如实填明款项来源或用途，不得巧立名目，弄虚作假，不准利用银行账户套取现金，套购物资，严禁利用银行账户搞非法活动。

第八条 银行存款的收支，要序时登记、日清月结；每月根据银行对账单与银行存款日记账进行逐笔核对，如存在未达账项，应编制银行存款余额调节表将银行日记账余额和银行对账单余额调节相符，并及时清理未达账项。

第九条 加强支票管理，不得签发空头支票和远期支票，银行存款户必须有足额的资金保证款项支付的需要。作废支票，注销后与存根一起妥善保管。

第十条 已签发的现金支票如有遗失，应立即向开户银行申请挂失；已签发的转账支票如有遗失，应立即通过新闻媒介声明作废，对已造成损失的，俱乐部负责人应负领导责任，遗失支票者应负主要责任。

第十一条 财务人员必须妥善保管空白支票和印章，支票和印章的保管必须遵循票、印分离的原则，严格按照规定用途使用。

第十二条 必须加强对现金的内部控制，严格执行国家有关现金管理制度。

第十三条 为了保证现金安全，防止各种错误、欺诈的发生，现金的收付、结算、审核、登记工作，不得由一人兼管，必须指定专职或兼职出纳人员办理现金收付工作。做到会计与出纳分开，实现会计管账不管钱，出纳管钱不管账，互相监督，互相制约。

第十四条　库存现金余额必须控制在开户银行核定的库存现金限额之内，超出库存现金限额的部分，必须于当日送存开户银行。当日送存开户银行确有困难的，由开户银行确定送存时间。

第十五条　不得坐支现金或以白条抵库，不得将单位现金收入以个人储蓄方式存入银行。

第十六条　现金使用的范围应严格按照《现金管理暂行条例》规定，超出规定范围（1000元）的，必须通过银行办理转账结算，不得直接用现金支付。

第十七条　现金出纳人员应于每日业务终了后结清当天账目，并将账面库存现金余额与实际库存现金余额进行核对，及时查明现金短款或长款原因，作出正确处理。

第十八条　俱乐部对货币资金支付的审批，建立以“谁批准，谁负责”为原则的责任追究制度，审核人、批准人要对由本人审核、批准支付的货币资金负责任，以防范货币资金风险，保证货币资金的安全。对于违反俱乐部财务制度的规定而批准支付的单据，各相应审核人或审批人以失职论处，情节严重的依照国家相关法律法规移交有关部门处理。

第十九条　报销人营私舞弊、弄虚作假的违规违纪金额不予报销，对已经报销的，除退回违规报销金额外，同时对报销人予以违规报销金额5～10倍的罚款，情节严重者依照国家相关法律法规移交有关部门处理。

第二十条　复核人员在收到报销单据后应审核报销单据是否填写、粘贴规范，是否经过有效批准，所附附件是否合法合规等，对符合要求的报销单据应及时制作报销凭证并交与出纳处付款，对不符合要求的应退回报销人并向报销人说明退回理由。

第二十一条　出纳收到报销单后应检查部门负责人、俱乐部负责人、会计签名是否齐全，对审批手续齐全的报销单据应及时给予报销，对于不符合审批手续的报销单，出纳有权拒绝报销或付款。

固定资产管理

第二十二条　固定资产管理的主要任务是：建立健全各项管理制度，合理配备并节约、有效使用固定资产，提高固定资产使用效益，确保固定资产的完整和安全。

第二十三条　固定资产的管理和使用应坚持统一政策、统一领导、分级管理、归口管理、责任到人、物尽其用的原则。

第二十四条　应设有专人承担固定资产的管理工作并对所管资产的安全完整负有责任。固定资产管理人员应相对稳定，因工作调动时必须办清交接手续。

第二十五条　固定资产是指一般单位价值在500元以上，使用期限在一年以上，并在使用过程中基本保持原有物质形态的资产。单位价值虽未达到规定标准，但耐用时间在一年以上的大批同类物资，也作为固定资产管理。

第二十六条　财务负责本单位固定资产账务登记工作，各项财产物资的实物管理及日常管理按职责规定由固定资产管理人员负责。

第二十七条　固定资产的日常管理是指在日常行政工作或业务活动中对所需及占用的资产实施不间断的管理及核算，包括从编制固定资产预算、计划采购、验收入库、登记入账、领用发出到维修保养、处置等各个环节的实物管理和财务核算。

第二十八条　财务和固定资产管理员应每半年对账一次，使账实、账账保持一致。每年对本单位的固定资产进行一次全面清查盘点，查明固定资产的实有数与账面结存数是否相符，固定资产的保管、使用、维修等情况是否正常。对清查盘点过程中发现的问题，应查明原因、说明情况，编制有关固定资产盘盈、盘亏表，按管理权限报经本俱乐部负责人批准后，调整固定资产账目。

存货及材料物资的管理

第二十九条　存货及材料物资的采购应当根据需求和预算编制采购计划，经财务审核报俱乐部负责人批准后进行采购。

第三十条　应指定专人负责存货及材料物资的管理，严格收、发手续，完善存货验收、进出库和保管制度，防止丢失、损坏和变质。

第三十一条　应当建立材料明细账，定期与财务的存货总账进行核对，并进行实物盘点，做到账账相符、账实相符。

第三十二条　应当对存货进行定期或不定期的清查盘点，每年至少盘点一次。正常的盘盈、盘亏由各单位负责人批准后处理；非正常盘亏金额在1 万元以上的，需书面申报并经监事会批准后处理。

收入管理

第三十三条　收入管理的基本原则是：执行国家有关法律、法规和财务规章制度，依法合理组织收入；充分利用现有条件努力创收，促进体育事业的发展；正确处理事业发展需要和资金供给的关系，社会效益和经济效益的关系，国家、集体和个人三者利益的关系。

第三十四条　财务必须认真按签订的合同内容要求督促有关人员及时开票收回收入。

第三十五条　收入必须按规定使用国家统一印制票据，财务负责本单位票据的管理工作，建立健全各种专用收款收据、销售发票、门票等票据的管理制度。严格各类票据的领、购、登记、缴销、存放的管理。

第三十六条　各项收入必须全部纳入收入管理，由财务统一核算，统一管理。

第三十七条　不得截留创收收入，不得私设“小金库”或变相设立“小金库”。

第三十八条　俱乐部负责人定期对财务收支及财务管理工作进行检查，发现问题并督促整改。

第三十九条　上级拨付的专项资金，应严格按照拨款通知书要求的用途和指定的会计科目及时使用。

支出及费用报销管理

第四十条　支出管理

为了加强支出管理，提高经济核算水平，应当根据开展业务及其他活动的实际需要，正确归集实际发生的各项费用，不能归集的，应当按照规定的比例合理分摊。经营支出应与经营收入配比，实行内部成本核算办法。其支出可以划分为直接费用、间接费用和期间费用。

（一）直接费用，是指直接从事体育场馆经营、竞技体育表演、体育商业比赛、体育技术服务等生产经营活动所发生的费用。直接费用直接计入成本。

（二）间接费用，是指单位内部各业务部门为组织和管理体育场馆，经营竞技体育表演、体育商业比赛、体育技术培训等生产经营活动所发生的费用。间接费用按一定比例分配计入成本。

第四十一条　发票管理

（一）报销人必须取得相应的合法票据（相关规定见发票管理制度），且发票背面有经办人签名。

（二）填写报销单应注意：根据费用性质填写对应单据；严格按单据要求项目认真填写，注明附件张数；金额大小写须完全一致（不得涂改）；简述费用内容或事由。

（三）差旅费报销

1. 员工出差应呈批请示，写明出差随同人员、事由、地点、天数、时间、所需资金，按规定程序报批后，凭请示填写借款单，报批后到财务部预借差旅费，原则上之前出差借款没报销的，这次出差不予借款。

2. 凡与原出差申请单上的时间、地点、人数等不符的差旅费不予报销，因特殊原因或情况变化需改变路线，增加天数、人数等，需经部门负责人、俱乐部负责人签署意见后方可报销。

3. 出差期间发生的共同费用报销，报销单上需同行人员签名确认。

4. 出差人员应在回单位后五个工作日内办理报销事宜，根据差旅费报销标准填写报销单后附出差呈批及原始报销凭证，按程序审批后交财务部，由会计审核借款金额，出纳开收据冲抵借款。

5. 出差报销标准：普通员工外出办事原则上应尽量乘坐公交车，特殊情况经俱乐部法人（或其授权人）事先批准，可以乘坐出租车，报销凭证上需注明时间、路程起始点、外出工作内容。

（四）办公费及办公用品、低值易耗品等报销

由采购专员负责办公用品统一采购，执行单位借款流程，采购专员在借款之后5个工作日内，必须采购完成并办理报销事宜，执行俱乐部费用报销流程（月结另议）或是不借款先采购后报销付款给供应商。

（五）招待费报销

1. 俱乐部招待费用原则上由行政部门统一安排，统一结算。

2. 部门因公需招待时，应事先申请，经俱乐部负责人批准后方可招待。

3. 进行招待申请时应行文上呈批，详细注明招待时间、地点、对方人员、己方陪同人员等信息。

4. 其他非公招待客人一律由个人承担。

（六）教育经费及培训费报销

1. 教育经费及培训费用由俱乐部行政部门统一进行预算、统一管理、统一安排。

2. 费用发生前使用部门应向人事行政部门申报员工培训计划、培训时间、所需经费，经行政部门审核后传一份至财务部门。

3. 费用使用部门应严格按照计划在申请范围内使用费用。

（七）费用报销单填写及粘贴的规定

1. 报销单据填写应力求整洁美观，不得随意涂改。

2. 报销单封面与封面后的托纸必须大小一致，各票据不得突出于封面和托纸之外（票据过大时应按封面大小折叠好）。

3. 若报销票据面积大小相同或相似（如车票等），需有层次按序列张贴。

4. 报销单据金额、类型相同的（如车票等），应尽量张贴在一块，并按金额大小排列。

5. 报销票据在粘贴时，确保审核人能够完全清楚地审阅到报销金额。

6. 报销单据一律用黑色钢笔或签字笔填写，不得使用圆珠笔或铅笔填写。

7. 报销单各项目应填写完整，大小写金额一致，并经部门领导批准。

8. 有实物的报销单据须由验收人验收后在发票背面签名确认，需入库的实物单据应附入库单。

9. 在空白报销单上将原始报销凭证按小票在下、大票在上的要求，从右至左呈阶梯状依次粘贴；若票据较少，可直接在正式报销单的反面粘贴（原始凭证的正面与报销单的正面同向）；若票据较多，可在多张空白报销单上粘贴。

10.以下情况不予报销：违章罚款及其他因当事者过失造成的损失浪费，其他不符合国家开支标准的单据，无理由跨年度的单据。

（八）工资、奖金、补贴等费用发放程序及相关规定

专职职工工资、奖金等发放由俱乐部的财务根据部门当月利润情况做好“超利润提成统计表”于次月5号前报俱乐部法人审批。

（九）其他劳务报酬、业务提成费管理

1. 所有经营项目在经营过程中所发生的没有书面协议的业务提成费及其他有关劳务报酬必须将预算、请示报告一起提交俱乐部财务核实预算费用的合理性、正确性→俱乐部法人核实业务发生的真实性、可行性，并加具意见后→俱乐部财务负责审核备案方可支付。

2. 支付方式可以按劳务费和发票的方式支付，如果每笔业务的劳务费是1000 元以内（不是指个人劳务费），则可以使用与业务相关的发票以现金支付；如果每笔业务的劳务报酬超1000 元，则必须以劳务费形式从银行统一发放。

3. 项目负责人按实际发生业务的劳务报酬做好“劳务费发放表”，于每月5 号前交俱乐部财务部→财务部负责人根据俱乐部审批的预算或批复予以审核15 号前交出纳统一从银行发放。

4. 劳务费税由谁交纳可以和对方协商，书面报告要说清楚。

5. 要求收取劳务费方必须提供银行账号和身份证号码。

6. 没有经训练处及俱乐部法人审批同意，财务应拒付所发生的业务费提成款和劳务费。

（十）各类活动、比赛项目费用报销管理

1. 审批程序：各项目部门对内对外承办的各类活动、比赛，必须将预算、赛程表或活动内容安排表、请示报告一起交俱乐部财务核实预算费用的合理性、正确性→俱乐部法人核实业务发生的真实性、可行性，并加具意见后交俱乐部财务备案方可执行。

2. 活动过程中所发生的其他费用，财务应按财务制度，结合预算据实支付。

3. 对外承办的各类比赛、活动要求利润率达到20%～35% ，如果低于20%，则要求做活动预算时以书面形式说明原因。

（十一）合作分成费用的管理

1. 俱乐部各项目分成部门每月5号前做好合作项目分成表，连同发票一起由部门负责人签名后交俱乐部财务→俱乐部的总经理审批→出纳方可支付。

2. 合作项目分成款，必须以合同、协议作为依据，按合同内容以转账支票的形式据实支付，一般不以现金支付。

发票管理制度

第四十二条　对发票实行专人管理，领取发票由专人负责，责任到人。

第四十三条　不准转借、转让发票，发票只准本单位的开票人按规定用途使用。

第四十四条　发票启用前，应先清点，如有缺联、少份、缺号、错号等问题，应整本退回。

第四十五条　填开发票时，应按顺序号，并盖单位发票印章。各栏目内容应填写真实、完整，包括客户名称、项目、数量、单位、金额；作废的发票应整份保存，并注明“作废”字样。

第四十六条　严禁超范围或携往外市使用发票，严禁伪造、涂改、撕毁、挖补、转借、代开、买卖、拆本和单联填写。

第四十七条　开具发票后，如发生销货退回情况需开红字发票的，必须收回原发票，并注明“作废”字样或取得对方有效证明。

第四十八条　使用发票的部门和个人应妥善保管发票，不得丢失；如发票丢失，应于丢失当日书面报告财务部，再由财务部上报处理。

第四十九条　如因发票管理不善而发生税务部门罚款，单位将直接追究有关人员的经济责任。

应收及预付款项管理

第五十条　应收及预付款项，是指单位在日常业务过程中应收未收、暂时垫付和预付给有关单位和个人而形成的一种停留在结算过程中的资金。包括应收款项和预付款项。

第五十一条　发生应收款项时应当控制应收款项的额度和收回的时间，积极采取有效措施，及时组织结算和催收，使应收款及时足额地得以回收，防止可能发生的意外或损失。

第五十二条　发生的预付款项应按合同规定的资金额度支付资金，并在合同规定的时间内及时进行清理、催收，并督促及时报销和结算。

第五十三条　办理预付款后，应及时向对方索取合法报销凭据，及时办理冲账手续。

第五十四条　应定期检查和分析应收账款及预付账款余额情况，及时催收、催交、催报；加强对应收账款及预付账款项的管理，定期对应收账款及预付账款进行清理，提高资金的使用效益。采取有力措施，加强各类应收账款及预付账款的管理，堵塞各种漏洞，维护俱乐部利益。

合同管理

第五十五条　对外签订经济合同必须采取书面的形式。签订合同应坚持平等、自愿、公平、等价有偿、诚实信用和维护本单位利益的原则。

第五十六条　对外签订经济合同应包括以下内容：①当事人的名称或姓名和住所；②标的；③数量；④质量；⑤价款或报酬；⑥履行期限、地点和方式；⑦验收方法和计量标准；⑧违约责任；⑨解决争议的方法。

第五十七条　合同签订前，业务经办人员应详细了解对方单位性质、法定代表人、营业场所或长期居住地地址、经营范围、生产经营状况、现金流量、发展前景、信誉、资产的偿债能力、纳税情况、资产负债结构、盈利能力等情况，并与对方就合同条款进行初步洽谈，达成一致。

第五十八条　对外经济合同在签订时，按下列要求进行：

（一）业务人员与对方单位进行洽谈，形成初步合同方案。

（二）将初步合同方案按授权审批要求报训练处及俱乐部的法人审批。

（三）总标的金额不超过叁拾万元（不含叁拾万元）的经济合同均由俱乐部法人批准。超过叁拾万元（含叁拾万元）的经济合同要报经董事会讨论决定，根据经批准的合同方案与对方签订正式合同。

第二节　体育俱乐部财务部门分工管理

一　会计工作

（1）按照国家会计制度的规定建立健全会计账簿、会计报表和其他会计资料。

（2）每月根据已审核支付的原始凭证编制记账凭证。

（3）每月按时依法申报计缴俱乐部各种税费。

（4）根据账簿记录编制会计报表上报俱乐部法人。

（5）对不真实、不合法的原始凭证，不予受理；对记载不准确、不完整的原始凭证，予以退回，要求更正、补充。

（6）发现账簿记录与实物、款项不符时，应及时向俱乐部负责人报告，并请求查明原因，做出处理。

二　出纳工作

(1)建立健全现金出纳各种账册，严格审核现金收付凭证。

出纳人员对各项收支凭证，检查是否如实填明款项来源或用途；报销单据是否填写、粘贴规范，是否经过有效批准，所附附件是否合法合规等。收到报销单后应检查经办人、负责人、法人代表签名是否齐全，对审批手续齐全的报销单据应及时给予报销。

（2）银行存款的收支，要序时登记、日清月结；每月根据银行对账单与银行存款日记账进行逐笔核对，如存在未达账项，应编制银行存款余额调节表将银行日记账余额和银行对账单余额调节相符，并及时清理未达账项。

（3）库存现金余额必须控制在开户银行核定的库存现金限额之内，超出库存现金限额的部分，必须于当日送存开户银行。

（4）不得坐支现金或以白条抵库，不得将单位现金收入以个人储蓄方式存入银行。

（5）现金使用的范围应严格按照《现金管理暂行条例》规定，超出规定范围（1000元）的，必须通过银行办理转账结算，不得直接用现金支付。

（6）出纳人员必须严格遵守保密制度。

三 负责场馆租场及培训收入的出纳人员

（1）加强本单位票据的管理工作，发票实行专人管理，领取发票由专人负责。建立健全各种专用收款收据、销售发票、门票等票据的管理制度。严格各类票据的领、购、登记、缴销、存放的管理。

（2）对外签订经济合同必须采取书面的形式，并设专人保管存档。

（3）于每日业务终了后结清当天账目填制日报表，月末填制月收入报表。做到账实相符。各项收入必须全部纳入收入管理，由财务统一核算，统一管理。

四 负责小卖部的对口出纳人员

负责小卖部的对口出纳人员，应做好日销售登记表及月销售汇总表。做好进销存登记工作，定期与财务实物盘点。

思考题

1. 体育俱乐部财务管理的内容有哪些？
2. 青少年体育俱乐部可持续发展的财务策略有哪些？

参考文献

[1] 何俊毅.现代职业体育俱乐部的本质与特征探讨[J].体育时空(上半月), 2015.

[2] https：//baike.baidu.com/item/ 职业体育 /10174642

[3] 张林，等.我国职业体育俱乐部的形成与发展[J].成都体育学院学报, 2001(1).

[4] 袁国英.北京市社区体育健身俱乐部发展现状[J].首都体育学院学报, 2015, 27(3).

[5] 王振中.国家级社区体育俱乐部特色业务模式研究[D].武汉：武汉体育学院, 2007.

[6] 杨守民.社区体育健身俱乐部运作模式构建[D].重庆：重庆大学, 2007.

[7] 唐建军，苏丕仁，蔡学玲.我国城市社区体育俱乐部(组织)发展的条件及其特征[J].北京体育大学学报, 2004(1).

[8] 祝良，等.变革中城市社区体育健身俱乐部发展研究：以上海市为例[J].山东体育学院学报, 2018(2).

[9] 刘芳梅.我国青少年体育俱乐部性质解析[J].体育科技文献通报, 2017(7).

[10] 张宏.我国西部地区国家青少年体育俱乐部发展现状及对策[J].西安体育学院学报, 2008(5).

[11] 裴立新，李满春.青少年体育俱乐部组织性质研究[J].武汉体育学院学报, 2008(1).

[12] 苗大培，刘艳丽，刘国永，等.我国青少年体育俱乐部现状调查及发展对策[J].体育科学, 2007(6).

[13] 叶志华，张才成.论体育产业的经营方针与经营战略[J].北方经贸, 1998(5).

[14] 余如玉.试论营利组织与非营利组织财务管理目标的比较分析[J].科技展望, 2016, 26(11).

[15] 秦潇.非营利组织财务管理若干问题及对策研究[D].天津：天津财经大学, 2014.

[16] 黄位文.非营利组织可持续发展的财务策略[J].现代商业, 2007(24).

[17] 景涛.初探我国非营利组织财务管理目标内容[J].科技信息(学术版), 2006(2).